당신의 마음을 진단해 드립니다

당신의 마음을 진단해 드립니다

감정을 조절하는 마인드 솔루션

김상준 지음

보아스 BOAZ

머리말

우리는 살아가면서 수많은 삶의 관문을 통과해야 합니다.

태어나서 부모님의 전적인 돌봄을 받다가 유치원이나 학교에 입학하면서 혼자 서기 시작해야 하고, 학교를 졸업하면 사회에 뛰어들어 자신의 생계를 책임져야 합니다. 그리고 배우자를 만나 한 가정을 이루고 자식을 낳고 가족의 생계를 책임져야 합니다. 나이가 들면서 노후를 대비해야 하고 주변 사람들은 하나둘 떠나가기 시작합니다. 그리고 마침내 육체가 노쇠해져 죽음을 맞이합니다.

이러한 생로병사의 과정에서 우리는 기쁨, 즐거움, 행복보다는 수많은 슬픔, 분노, 외로움, 좌절, 고통, 절망을 겪게 됩니다. 이러한 고통은 어느 누구에게만 한정된 것이 아니라 생로병사의 삶을 건

당신의 마음을 진단해 드립니다

너가야 하는 우리 누구나 겪는 과정입니다. 더욱이 과거에 비해 어릴 때부터 무한경쟁이 시작되고, 인간의 수명은 갈수록 길어짐에 따라 각자가 짊어져야 하는 삶의 무게는 더욱더 무거워지고 있습니다.

외국에는 치매 환자를 돌보는 가족들의 모임이 있습니다. 여기에서 참여자들은 자신이 환자를 돌보면서 겪었던 환자에 대한 분노감, 원망 등을 털어놓습니다. 그러면서 자신만이 그런 생각을 하고, 환자에 대해 불만을 갖고, 간병에 따른 고통을 겪는 것이 아니라는 사실을 알게 됩니다. 질병에 걸린 가족을 돌보는 일은 누구에게나 어려운 일이며, 힘든 것이라는 사실을 알고 자신과 같은 사람이 많다는 것을 확인하면서 원망과 죄책감 대신 서로를 통해 위안을 얻습니다.

이 책에는 그간 진료실에서 만나온 수많은 우리 마음들의 사례가 실려 있습니다. 그것은 우리 누구에게나 잠재되어 있는 마음이자 누구에게나 일어날 수 있는 일이기도 합니다. 그리고 그것이 곧 우리 인생이기도 합니다. 이 책은 그 점을 보여주고자 합니다.

〈굿 윌 헌팅〉이라는 영화가 있습니다. 윌 헌팅이라는 청년은 천재적인 기억력과 수리능력을 갖고 있지만 불우한 집안 환경으로 대학 청소부로 일합니다. 그는 일하는 대학의 수학과 교수의 눈에 띄어 공부할 기회를 갖게 되고, 수학과 교수의 친구이자 정신과 의사인 션 교수의 치료를 받게 됩니다.

치료가 막바지에 이를 때쯤 윌의 고통스런 과거가 드러납니다. 그는 어린 시절 양아버지에게 잔인한 신체적인 학대를 당해서 그 영향으로 마음을 닫아버리고 순간적인 감정을 조절하지 못하고 폭력을 휘두르게 된 것입니다. 션이 윌에게 "그것은 네 잘못이 아니야"라는 말을 반복해서 해주자 윌은 처음으로 자신의 감정을 터뜨리고, 그때까지 꼭꼭 닫아두었던 마음의 감옥의 문을 열고 나와서 타인과의 사이를 가로막고 있던 장애물을 걷어버립니다.

우리 각자는 아름다운 무지개 너머 행복한 세상에서 꿈같은 삶을 살아가는 것이 아니라 생로병사, 각종 사건사고가 끊이지 않는 인생의 고해(苦海)를 건너가고 있습니다. 그 과정에서 우리의 마음은 요동칠 수밖에 없습니다.

〈굿 윌 헌팅〉에서 션이 윌에게 "그것은 네 잘못이 아니야"라는 위로의 말을 건네자 윌의 마음이 치유받듯이 이 책이 독자 여러분의 마음에 위로와 치유를 선사할 수 있기를 진심으로 바랍니다.

차례

제2부

내 맘대로 안 되는 내 마음 관리하기
감정에 대처하는 마인드 솔루션

제1부

복잡하고 오묘한 우리 마음에 대하여
알 수 없는 내 마음 진단해 보기

당신을 옥죄는 마음의 감옥은 무엇인가요?

우리는 마음의 감옥 속에서 사는 경우가 많습니다. 그 감옥을 만든 것은 자기 자신입니다. 자신이 쌓은 마음의 감옥 속에 자신을 가둔 채 고통스럽게 살아갑니다. 자신이 만든 감옥은 여러 가지가 있습니다. 의심, 불안, 두려움, 편견, 죄책감, 자기 비하, 중독, 집착, 욕망 등입니다. 많은 사람이 그러한 감정의 벽돌을 차곡차곡 쌓고 그 위에 철망을 얹고 굳게 철문을 만들고 자물쇠로 채웁니다.

사람들은 사회적인 제도가 불합리해서, 능력을 인정받지 못해서, 경제적으로 궁핍해서, 좋은 타이틀을 가지지 못해서 등의 이유로 외부에서 자신을 억압하고 소외한다고 생각합니다. 하지만 우리를 억압하고 있는 것은 근본적으로 타인이 아닌 우리 스스로 쌓아올

당신의 마음을 진단해 드립니다

린 마음속에 존재하는 감옥입니다.

살면서 가장 중요한 것은 내 마음입니다. 주변 사람들이나 환경이 나를 힘들게 하는 것은 일시적으로 스쳐 지나가는 칼바람과 같은 것입니다. 그것은 지극히 가변적입니다. 하지만 마음은 우리 안에 자리 잡고 앉아서 절대 움직이지 않고 우리의 생각을 좌지우지합니다. 우리가 어디를 가더라도 내 마음은 나를 따라다니며 나를 감옥 속에 가두기도 하고, 자유롭게 하기도 합니다.

그럼 불안의 감옥을 한번 살펴볼까요. 우리는 누구나 쉽게 불안을 느끼며 삽니다. '지금 누리는 행복이 금방 사라져버리고 나쁜 일들이 생기는 건 아닐까?' '내게 생각지도 못한 질병이나 불행이 찾아오는 것은 아닐까?' '갑자기 우리 아이나 아내(남편)가 아프거나 사고를 당하면 나는 어떻게 살지?' 등등 불안을 일으키는 이유는 매우 많습니다.

이런 생각들은 우리를 불안의 감옥에 가둬놓습니다. 이렇게 되면 삶은 불만족스럽고 걱정만 가득할 뿐입니다.

또 두려움의 감옥을 살펴볼까요? 아마 누구나 한 번쯤 겪어보셨을 것입니다. '내가 시험에 떨어지면 어떻게 하지?' '이번 진급 심사에서 떨어지면 어떡하지?' '이번에 받을 수술이 잘못돼서 혹시 못 깨어나는 것은 아니겠지?' '며칠 전 받은 건강검진에서 이상 반응이 나왔다고 하는데 혹시 암이 아닐까?' 등등.

두려움은 우리의 마음속에 쉽게 침범합니다. 두려움에 사로잡히면 가슴이 두근거리고 머릿속은 온통 그 생각으로 가득찹니다. 잠도 잘 오지 않고, 입맛도 사라져버립니다. 사는 게 사는 것이 아닙니다.

또 편견의 감옥을 살펴보죠. "나는 외향적인 성격을 가진 사람이 너무 싫어. 그 사람들은 잘난 체만 하고 일은 제대로 하지도 못하지. 그래서 나는 우리 직원 중에 그런 사람을 볼 때마다 괜히 화가 나고 마주치기도 싫어." "나는 말이 없는 사람이 너무 싫어. 뭔가 굼뜬 느낌이 들고, 도대체 자기주장이란 게 없지. 회사에서 그런 사람에게 월급을 준다는 게 너무 아깝다는 생각이 들어." "나는 ○○ 지역 사람이 참 싫더라. 좋을 때는 간이고 쓸개고 빼줄 것처럼 하다가 좀만 수가 틀리면 본색을 드러내지. 정말 예외가 없다니까."

이렇듯 편견은 불필요한 판단력을 제공해서 타인을 미워하고 배척하게 만듭니다.

또 욕망의 감옥을 살펴볼까요. 욕망은 마음의 감옥을 만드는 요소 중에서 가장 강력합니다. 물론 욕망이 다 나쁜 것은 아닙니다. 하지만 지나친 욕망은 우리를 감옥으로 빨려들어가게 합니다.

우리의 마음에 욕망의 씨를 심어놓는 것은 주로 방송 등 미디어 매체입니다. 방송을 보면 소위 성공한 사람들이나 크게 잘사는 사람들의 생활을 보여주며 마치 그 정도는 살아야 인간답게 사는 것 같은 인식을 심어줍니다. 또한 기업들은 제품을 팔기 위해 은연중에 우리를 유혹합니다. 이 정도 사양의 스마트폰, 이 정도의 자동차, 이 정도 취미생활을 해야 멋진 인생이 아니겠냐고 강조합니다. 그런데

당신의 마음을 진단해 드립니다

그런 광고나 매체들의 홍보는 우리 마음속에 쉽게 각인됩니다. 언젠가는 그것을 소유하고자 하는 욕망의 씨를 뿌려놓습니다.

그래서 우리는 윤택한 생활을 위해, 보이는 행복한 삶을 위해 더 좋은 타이틀을 얻고, 더 많이 벌기 위해 달리고 또 달립니다. 그래서 목표를 하나씩 이루어나갑니다.

그렇다면 간절히 바라던 모든 것을 이루면 마침내 행복할까요?

문제는 우리 마음에 허무함이 자라기 시작합니다. 간절히 바라던 물질적인 풍요나 명예가 일시적 만족감을 줄지는 몰라도 행복하게 해주지는 못한다는 것을 느끼게 됩니다. 그래서 갑자기 공허해집니다. 자신의 욕망을 채우기 위해 자신을 돌보지 않고 앞만 보고 달려왔는데 마음은 허무하고 공허할 뿐입니다. 그리고 그 과정에서 소중한 사람들과 함께하는 시간도 희생되고 맙니다.

〈쇼생크 탈출〉이라는 탈옥 영화가 있습니다. 이 영화는 많은 사람에게 마음의 치유를 선사해주었습니다. 오랫동안 투병생활을 하고 있던 사람들에게는 투병의 의지를 불태우게 해주었고, 현실적으로 커다란 어려움이 닥친 사람들에게는 이겨낼 희망을 불러일으켰으며, 인생에서 험난한 장애물을 만나 도저히 해결할 방법이 없어 망연자실했던 사람들에게는 벗어날 수 있다는 용기를 심어주었습니다.

유능한 은행원인 앤디 듀프레인은 아내를 죽인 살인죄로 교도소에 들어가게 됩니다. 그의 감옥 생활은 험난하기 그지없습니다. 다른 죄수들에게 성폭행을 당하고 죽음의 위협을 겪기도 하며, 교도 관에게 부당한 대우를 받습니다. 그러던 중 회계정리를 잘한다는 이유로 교도소장과 교도관들의 신임을 얻게 됩니다. 그래서 교도소 장의 돈을 관리해주고, 다른 교도관들의 절세를 도와줍니다. 그는 교도소 내에서 자신의 입지를 어느 정도 다진 뒤 교도소 안에 도서 관을 만들기로 합니다.

그렇게 20여 년의 세월을 교도소에서 보낸 그는 어느 날 밤 사라 집니다. 탈출에 성공한 것입니다. 그가 감옥에 들어간 지 얼마 안 되 었을 때 다른 죄수에게 부탁해 조각용 망치를 얻고 그것으로 조금 씩 벽을 뚫기 시작해서 20여 년 만에 하수관을 통해 빠져나간 것입 니다.

그가 갇힌 감옥은 마음의 감옥으로 볼 수 있습니다. 우리가 의심, 불안, 두려움, 편견, 죄책감, 자기 비하, 중독, 집착, 욕망 등으로 인 해 스스로를 가둬버린 감옥을 의미합니다. 그렇다면 그 감옥에서 어떻게 해야 그처럼 탈출할 수 있을까요? 그가 영화 속에서 보인 행동 속에서 답을 찾을 수 있습니다.

그는 아내를 살해했다는 억울한 누명을 쓰고 감옥에 갇힙니다. 하지만 그는 그러한 억울함을 안고서도 세상을 탓하지 않습니다. 그냥 그대로 받아들입니다. 또한 감옥 안에서 겪는 불합리하고 불 공정한 대우와 다른 죄수들의 폭행과 위협에도 의연하게 대처합니 다. 자신이 처한 상황을 그대로 받아들였기 때문입니다. 만약 그가

당신의 마음을 진단해 드립니다

감옥에 갇힌 것을 모두 외부의 탓으로 돌렸다면 그는 감옥에서 오래 버티지 못했을 것입니다. 억울해서 잠도 잘 못 자고 온갖 부정적인 감정에 휩싸여 우울증에 걸렸을 것입니다.

그처럼 있는 그대로의 현실을 받아들인다는 것은 절대로 쉽지 않습니다. 그러나 현실은 냉엄하기 짝이 없습니다. 우리 스스로 원한 것도 아니지만 늘 어려움과 고통이 뒤따릅니다.

마음의 감옥에 갇힌 것도 마찬가지입니다. 그것이 자신의 문제 때문일 수도 있지만, 타고난 기질 때문일 수도 있고, 사회의 불공정한 대우 때문일 수도 있습니다. 하지만 내가 마음의 감옥에 갇혀 있다는 것을 인정할 필요가 있습니다. 그래야 거기서 빠져나올 수 있는 희망이 생기기 때문입니다.

앤디 듀프레인은 감옥에서 빠져나오는 데 20여 년이 걸렸습니다. 우리가 마음의 감옥을 빠져나오는 데도 오랜 시간이 걸립니다. 흔히 모든 것은 마음먹기에 달려 있다고 말하지만, 마음의 감옥에서 빠져나오는 일은 마음을 먹는다고 쉽게 이루어지지 않습니다.

우리의 마음은 너무나 가변적이기 때문입니다. 하루에도 수십 번 이런저런 생각들로 가득 차고, 이랬다저랬다 하면서 우리를 조종하고, 기분이 좋았다 나빴다를 반복합니다. 이렇게 마음은 가만히 있지를 못하고 계속해서 움직이려 합니다. 그래서 마음을 먹고 난 뒤 그것을 유지하기 위해 애써야 합니다.

그 방법으로 묵상이나 명상을 하면 도움이 됩니다. 이것은 이러저리 날뛰는 마음을 쉬게 하는 방법으로, 하루에도 수십 번씩 바뀌는 마음을 가만히 붙들어놓는 것입니다. 그렇게 해야 우리 자신이 자신의 마음에 휘둘리는 것을 막을 수 있습니다.

그렇게 조금씩 마음이 흔들리는 것을 막다 보면, 마음의 감옥에서 빠져나가는 길이 보이기 시작합니다. 앤디 듀프레인처럼 오랜 세월 작은 조각용 망치를 이용해 벽을 뚫는 마음으로 해 나가야 합니다. 우리가 좋은 몸을 만들기 위해 수년간 노력하듯이 마음도 마찬가지입니다. 꾸준히 자신의 마음을 잡는 훈련을 해야 길이 보이기 시작합니다.

이와 병행해서 자기 자신의 마음을 들여다봐야 합니다. 매일 일상에 쫓기고 일에 치여도 자기 자신의 마음을 들여다보는 시간을 잠깐이라도 가질 필요가 있습니다. 내가 지금 제대로 인생을 살고 있는지, 지나친 욕망에 휘둘리고 있는 것은 아닌지, 중독에 빠져 인생을 허비하고 있는 것은 아닌지 등등 들여다봐야 합니다. 항상 마음을 들여다보면서 내가 어디에 있는지 살펴야 합니다.

이런 자기 성찰과 명상의 시간을 계속 갖게 되면, 우리는 마음의 감옥에서 탈출하는 방법을 찾게 되고 스스로를 가둔 마음의 감옥을 조금씩 벗어날 수 있게 됩니다.

당신의 마음을 진단해 드립니다

마음상담소

이리저리 날뛰는 마음을 쉬게 하는 방법으로
묵상이나 명상을 권해드립니다.
하루에도 수십 번씩 바뀌는 마음을
가만히 붙들어놓을 수 있습니다.
그렇게 해야 자신의 마음에 휘둘리는 것을
막을 수 있습니다.

늪과 같은 관계도 있습니다

인간의 욕망과 감정은 복잡하기 그지없습니다. 이러한 욕망과 감정이 얽히고설켜 마치 막장스토리처럼 보이는 것이 바로 그리스 신화입니다. 그러나 그것은 허황된 이야기가 아니라 우리 내면에 존재하는 수많은 감정과 욕망, 본성을 너무나 잘 보여주고 있습니다. 그리스 신화를 보면 신들 사이의 질투, 소유욕, 의존심을 어렵지 않게 발견할 수 있습니다. 이는 우리 삶에서 작게는 가족과 같은 혈연관계에서, 크게는 직장 또는 우리가 몸담고 있는 각종 사회조직에서 일상적으로 일어나는 현상입니다.

사람과 사람이 모이는 곳에는 항상 그 집단에서 역할을 잘 해내지 못하는 사람이 있게 마련입니다. 그럴 경우 일반적으로 사람들

당신의 마음을 진단해 드립니다

이 역할을 제대로 하지 못하는 사람이 제 역할을 잘 해내기를 기대할 것이라고 생각합니다. 하지만 사람들의 속마음을 깊이 들여다보면 가족이나 어느 집단에서 제 역할을 잘 하지 못하는 사람이 그렇게 계속 못했으면 하고 바라는 사람들도 있습니다. 심지어 그 사람이 좋은 쪽으로 발전하는 것을 은연중에 방해하거나 그 사람이 제 역할을 못 하는 상태를 유지하도록 조종하는 경우도 있습니다.

다음의 사례가 그러한 경우입니다. 알코올 의존증 증세로 상담을 신청한 한 주부가 있었습니다.

"이상하게 몇 년 전부터 불면증에 시달리며 매일 술을 마시고 자는 날이 늘어나 결국 술을 마시지 않고는 잠을 못 자게 되었어요. 낮에도 술을 마시기 시작했는데 남편의 눈을 피해 밤에 몰래 나가서 차 안에서 술을 마시고 들어오는 날도 생겼어요. 이렇게 몇 년을 보내고 나니까 하루라도 술을 마시지 않으면 살 수가 없어서 몇 차례 술을 끊으려 했어요. 그런데 매번 실패했어요. 하지만 이번에는 한 달 이상 술을 입에 대지 않았어요. 그래서 나는 남편이 내가 금주한 것을 아주 좋아할 줄 알았는데 남편은 별로 좋아하는 눈치가 아닌 거예요. 오히려 내가 의지력이 약하니 곧 술을 다시 먹을 거라고 빈정대기만 해요. 그리고 이상하게 집안일에 대해 트집을 잡고 싸움을 걸어오는 일까지 생겼어요. 나는 좋은 쪽으로 변하려고 노력하는데 왜 남편은 그걸 원하지 않는지 정말 모르겠어요."

남편은 아내가 술을 자주 먹게 되면서 도덕적인 우위를 점할 수 있었습니다. 그리고 집안일도 자신의 마음대로 좌지우지할 수 있었습니다. 아내는 알코올 의존증이라는 약점 때문에 남편이 잘못을 하더라도 아무런 불평을 할 수 없었습니다. 그래서 남편은 의식적으로는 아내가 술을 끊고 살림을 잘했으면 좋겠다고 생각하지만, 무의식적으로 아내가 술 때문에 제대로 된 역할을 하지 못하기를 바라는 양가감정을 갖고 있었습니다. 그래야만 아내가 자신의 말에 고분고분 따라줄 수 있기 때문입니다.

그래서 상담자의 남편은 아내가 술을 끊은 기간 내내 아내의 약점을 언급하며 비아냥거렸던 것입니다. 이러한 남편의 반응 때문에 아내는 '내가 지금 좋아지고 있는데, 왜 남편은 이런 변화를 좋아하지 않는 것일까? 내가 뭔가 잘못 생각하고 있는 것은 아닐까?' 하고 혼란스러울 수밖에 없었습니다.

이 사례의 경우 남편이 처음에는 방해를 했지만, 아내가 완전히 술을 끊으면서 아내의 달라진 부분을 남편도 받아들이기 시작했습니다. 아내가 정상적인 생활로 돌아오면서 자신이 그동안 아내 대신 했던 많은 일을 아내가 다시 떠맡아 예전보다 자신의 영향력은 줄었지만 더 편해졌기 때문입니다. 물론 여성분도 남편의 무의식적인 방해를 극복하고 자신의 삶에 만족하게 되었습니다.

이러한 사례는 부모와 자식과의 관계에서도 은연중 나타날 수 있습니다. 다음과 같은 경우가 있었습니다.

"저는 3남매 중 둘째로 태어났어요. 형과 여동생은 모두 공부를

당신의 마음을 진단해 드립니다

잘해서 명문 대학에 입학했어요. 저는 고등학교를 간신히 졸업하고 하는 일 없이 집에 있은 지 2년이 되어가요. 집에서 빈둥대거나 PC방에 죽치고 있는 것이 전부여서 부모님은 계속 잔소리만 하세요. 그동안 몇 번 취직하려고 학원에도 다녔지만 중간에 그만뒀어요. 제가 학원을 그만둘 때마다 부모님은 기다렸다는 듯이 '네가 할 수 있는 것이 뭐가 있겠냐?'며 비난만 하세요. 그래도 이렇게 살 수는 없어서 다른 것을 배워보려고 학원을 알아보고 있어요. 하지만 그때마다 부모님은 괜히 학원비 날리지 말고 집에 가만히 있으라고 하세요. 사실 제가 취업을 위해 학원을 끝까지 다닐 수 있을지 저도 잘 모르겠어요. 하지만 그런 말을 들을 때마다 자신이 없어져요."

이 경우 둘째 아들이 제대로 역할을 하지 못하면서 집안의 모든 문제는 둘째 아들 몫으로 전가되었습니다. 다른 가족들은 둘째 아들의 문제가 가장 심각했기 때문에 그로 인해 자신의 잘못을 덮을 수 있었습니다. 그런데 만약 둘째 아들이 자신의 입지를 다지고 독립하게 되면 남은 가족들은 자신의 문제가 드러나는 것에 대한 두려움이 무의식중에 존재하고 있었습니다. 그래서 무의식중에 둘째 아들이 독립해서 사는 것을 방해한 것입니다.

만약 이러한 주변 사람들의 무의식적인 방해가 있다고 하더라도 자신이 현재 처한 상황을 만든 것은 자신이라는 생각을 잊어서는 안 됩니다. 이러한 어려움을 극복하지 못하고 다른 사람들의 문제를 덮어주는 역할만 하는 것은 결국 자신의 잘못이기 때문입니다.

직장에서도 비슷한 사례를 다수 볼 수 있습니다.

"저는 직장에서 능력이 아주 좋은 직원은 아닙니다. 사실 제 성격이 적극적이지 못해서 판매량은 항상 우리 부서에서 가장 낮은 편에 속합니다. 회사 사람들은 저를 무능하다고 생각하는 것이 사실입니다. 회사를 그만둘까 여러 차례 생각했지만, 그때마다 꾹꾹 참으면서 다니고 있었는데 지난달에는 마침내 제게 어떤 문제가 있는지 파악하고 적극적인 마케팅을 한 덕에 판매량이 늘게 되었습니다. 주변 사람들은 겉으로는 축하해주었지만, 어쩌다 운이 좋아서 그런 결과가 나왔다고 생각하는 것 같았습니다. 또 저의 판매량이 올라가자 그동안 제게 다정하게 대해주었던 동료들은 오히려 차갑게 변한 느낌입니다. 제가 능력을 발휘하면서 인간관계는 도리어 더 나빠졌습니다."

남들의 시기나 질투를 받아 따돌림을 당할까 두려워 자신의 재능을 적극 발휘하지 않는 사람들을 조직에서 볼 수 있습니다. 하지만 자신이 회사에서 실적을 올리고, 발전을 보일 때 자신을 차갑게 대하는 사람이 있다면 그 사람과는 멀리할 필요가 있습니다. 위의 경우에도 남들에게 소외당하기 싫어서 자신의 발전을 중단한다면, 주변 사람들의 반응은 예전으로 돌아갈 것입니다.

호주 출신의 천재적인 피아니스트 데이비드 헬프갓의 실화를 바탕으로 한 영화 〈샤인〉을 보면 가족 안에서 벌어질 수 있는 변화에 대한 억압을 볼 수 있습니다.

당신의 마음을 진단해 드립니다

데이비드의 아버지는 아들의 성공을 바라면서도 아들이 자신의 품에서 벗어나 독립적으로 활동하는 것은 원치 않습니다. 그래서 데이비드가 성장해 자신의 그늘에서 벗어나 그의 뜻을 펼치려 할 즈음에 아들의 유학을 가로막습니다. 데이비드의 아버지는 아들이 오로지 자신에게 의존하고 자신을 떠받들기만을 바랍니다. 그는 아들이 자신의 주장을 내세우고 독립하려는 변화를 참을 수 없었던 것입니다.

그래서 데이비드의 아버지는 "어려운 환경에서 내가 너를 어떻게 키웠는데"라며 아들의 죄책감을 자극하기 시작합니다. 데이비드는 아버지를 배신하는 것 같아 고통스러웠지만, 과감하게 자기가 하고 싶은 것을 선택합니다. 그러자 아버지는 데이비드를 영원히 가족에서 고립시키려 합니다. 가장 최악의 방법인 부자 관계 의절을 선언합니다. 그럼에도 데이비드는 영국 유학길에 오르고, 데이비드와 아버지의 관계는 죽을 때까지 회복되지 않습니다. 데이비드는 유학 생활 도중 정신질환에 걸렸지만 길리언의 도움으로 재기에 성공합니다.

사람들이 말로는 타인이 문제를 극복하고 잘되기를 바란다고 하지만, 무의식적으로는 바라지 않는 경우도 있습니다. 이때 상대는 혼란을 느끼게 되고, 남들이 내가 잘되기를 바라지 않는다고 느끼는 자신에게 문제가 있는 것은 아닌지 자책을 하기도 합니다. 그러나 이런 경우 남들이 나의 변화를 싫어한다고 해서 변화를 중단해

서는 안 됩니다. 남들이 나의 인생을 대신 살아주는 것은 결코 아니며, 내가 변한 뒤에는 변한 나의 모습을 좋아하는 다른 사람들이 주변에 모이기 시작하기 때문입니다.

우리는 주변 사람들이 무의식적으로 나를 이용하려 하는 것을 경계할 필요가 있습니다. 물론 모든 사람을 경계하고 의심하라는 말은 결코 아닙니다. 그러나 생존경쟁은 인간의 본성이자 본능 중 하나입니다. 그래서 자신이 스스로를 지키지 못하면 다른 사람에게 종속되고 자신의 뜻을 펼치지 못하거나 항상 무능한 역할만 도맡을 수도 있습니다. 결국 자신을 지킬 수 있는 것은 오직 자신뿐입니다.

당신의 마음을 진단해 드립니다

마음상담소

생존경쟁은 인간의 본성이자 본능 중 하나이기에
우리는 주변 사람들이 무의식적으로
나를 이용하려 하는 것을 경계할 필요가 있습니다.
자신을 지킬 수 있는 것은 오직 자신뿐입니다.

어쩔 수 없는 일에 후회하고
집착하고 있지 않으신가요?

우리 삶은 수많은 선택을 통해 이루어집니다. 그리고 어느 누구도 그 많은 선택의 기로에서 항상 옳은 선택만을 할 수는 없습니다. 또한 자신이 선택한 것이 아니라 운명으로 인해 인생의 고통을 맛보는 경우도 있습니다.

한번은 우울증을 앓는 남성분이 진료실을 찾아오셨습니다. 그는 결혼 생활 중 외도한 것을 매우 후회하고 있었습니다.

"아내를 볼 때마다 지금도 미안한 생각이 듭니다. 결혼하고 3년이 지나 같은 직장에 다니는 여성을 좋아하게 되었습니다. 그 당시 저는 새로운 사랑에 가슴이 뛰었고, 심지어 아내와 이혼하고 그 여성과 결혼할 생각까지 할 정도로 심각하게 빠져 있었습니다. 그녀

당신의 마음을 진단해 드립니다

와 만난 지 6개월이 지날 무렵 아내가 그 사실을 알게 되었습니다. 아내는 크게 상처를 받았고, 저는 그 여성을 잊는 것이 매우 고통스러웠습니다. 시간이 흐른 지금은 그때의 일이 꿈처럼 느껴집니다. 왜 제가 그 여성을 사랑하게 되었는지 모르겠습니다. 그 당시 저는 시작도 하지 말았어야 합니다. 아내의 상처는 아마 죽을 때까지 남아 있을 겁니다.”

또 자신의 선택이 죽음과 관련된 경우에는 과거에서 벗어나지 못하고 평생을 후회하며 지내는 경우도 많습니다. 다음과 같이 힘들어하는 상담자분도 있었습니다.

“그때 시골에 계신 어머니를 오랜만에 뵈러 가서 기분 좋게 가고 있었습니다. 특별한 일이 있었던 것은 아니고 괜히 어머니를 뵙고 싶었습니다. 하지만 그 일로 인해 저의 끔찍한 악몽이 시작되었습니다. 시골로 내려가는 도로에서 마주 오던 차가 중앙선을 넘어오면서 제 차와 정면충돌했습니다. 아내와 저는 병원에 입원했고, 제 아이 셋은 영안실에 안치되었습니다. 의식이 돌아온 뒤에 아이들 모두를 잃었다는 이야기를 들었을 때 도저히 믿을 수가 없었습니다. 퇴원 이후로는 어떻게 나의 심장은 이리도 잘 뛰고 내 폐는 이렇게 공기를 들이마시고 내뱉는 것을 멈추지 않는 것인지 그리고 왜 내 위장은 때가 되면 허기를 느끼는지 그냥 죄스러운 생각만 듭니다. 왜 나는 그날 아이들을 데리고 내려간 건지…. 머리를 쥐어뜯어도 이 후회스러움은 숨이 끊어질 때까지 멈추지 않을 것 같아요.”

"나 다시 돌아갈래!"를 외치는 장면으로 유명한 영화 〈박하사탕〉은 삶에서 순간적인 선택들이 한 인간의 삶을 어떻게 망가뜨리는지를 보여줍니다.

영호는 자신이 20년 전 구로공단 야학에 다닐 때 갔던 야유회 장소에 느닷없이 나타납니다. 그리고 철로 위에 올라가 "나 다시 돌아갈래!"라고 소리를 지르며 기차와 마주 섭니다. 그는 어느 시간, 또 어느 장소로 돌아가고 싶었던 것일까요?

그는 자살을 결심하기 얼마 전, 사채업자와 증권 회사 때문에 가진 돈을 모두 날리고 맙니다. 또 가구점을 동업하던 친구에게 배신까지 당합니다. 영호에게 가족은 있지만 그들은 이미 그를 버렸습니다. 결국 영호가 할 수 있는 선택은 자살뿐이었습니다.

그는 예전에 닳고 닳은 형사로 시국 사범을 고문한 전력이 있고, 아내의 불륜 현장을 잡아낸 뒤 곧바로 자신이 운영하는 가구점의 여직원과 성관계를 갖기도 했으며, 광주사태 때 진압군으로 파견되어 오발 사고로 여학생을 죽인 일도 있습니다. 삶에 수많은 굴곡이 있었던 것입니다.

우리 중 어느 누구도 후회 없는 인생은 없습니다. 그 후회에는 크나큰 후회도 있고, 자질구레한 후회도 있습니다. 이런 후회스런 일들은 자신의 잘못된 판단으로 인해 일어나기도 하고, 자신의 의지와는 상관없이 운명에 의해 생기기도 합니다. 또 그 당시는 옳은 판단이었음에도 결과가 나빠서 후회하기도 합니다.

당신의 마음을 진단해 드립니다

〈박하사탕〉의 주인공 영호는 20년 전에는 매우 순수한 사람이었습니다. 하지만 광주사태를 겪으면서 무고한 사람을 죽였다는 죄책감으로 인생이 달라지기 시작합니다. 그는 자신 때문에 죽은 여학생의 피를 손에 묻히게 됩니다. 여기서 '손'은 우리의 양심을 상징합니다. 재판정에 설 때 한쪽 손을 들고 선서를 하는 이유는 거짓 없이 양심적으로 진술하겠다는 의미입니다. 이미 피로 더럽혀진 손을 더 이상 씻을 수 없다고 생각한 영호는 이번에는 형사가 되어 시국 사범을 고문합니다. 그는 고문을 당하던 피의자의 똥을 다시 손에 묻히게 되면서 순수했던 때로 다시는 돌아갈 수 없다는 생각에 완전히 빗나가기 시작합니다.

만약 영호가 자신이 저지른 잘못을 자신의 잘못인지 아니면 어쩔 수 없는 상황에서 벌어졌던 운명적인 사건에서 비롯된 것인지 구분할 수 있었다면 그의 죄책감은 덜했을 것입니다. 그리고 자신의 순수함을 지키려 애쓰며 살았을지도 모릅니다.

"나 다시 돌아갈래"라는 그의 외침은 과거의 순수했던 때로 돌아가서 새로운 인생을 살고 싶다는 바람입니다. 우리는 후회스런 일이 생기면 그 일이 일어나기 전으로 돌아가 다른 선택을 하고 싶어 합니다. 하지만 그것은 불가능하기에 자포자기의 심정이 됩니다. 영호도 결국 수많은 후회스러운 일의 끝에서 죽음을 선택합니다. 더 이상 제대로 된 삶을 살 수 없다고 포기했기 때문입니다.

그러나 만약 영호가 자신의 과거를 그대로 받아들였다면 어땠을까요? 내 자신의 잘못된 선택과 어쩔 수 없는 운명적인 사건의 틈바구니 속에서 나도 나약한 한 인간에 불과하다는 사실을 받아들였다면 어땠을까요?

아마도 그는 죽음의 문턱을 넘지 않았을 것입니다. 그는 과거로 돌아가지 않고도 순수함을 찾을 수 있는 방법이 있었습니다. 그것은 자신의 후회스런 과거를 받아들이는 일부터 시작하는 것입니다. 자책을 하면 후회를 하게 되지만, 자신을 받아들이면 더 나은 사람이 되려고 마음을 먹게 됩니다. 인간은 누구나 실수를 저지르고 잘못된 선택을 합니다. 역사적인 영웅들도 우리가 이해할 수 없는 큰 실수를 저지르곤 합니다.

이스라엘 왕국의 영웅이자 큰 업적을 남긴 다윗은 골리앗을 물리치고 이스라엘의 영웅이 될 때까지는 아무런 문제가 없었습니다. 하지만 그는 왕이 된 뒤 다른 남자의 아내를 취하고 그 남편을 전쟁에 내보내 죽게 합니다. 그는 말년에 자신의 잘못을 크게 후회하며 눈물을 흘립니다.

특히 완벽을 추구하는 현대 사회는 우리를 더욱 괴롭게 합니다. 인간은 원래 불완전한 존재이지만 완벽함은 마치 미덕인 것처럼 하나의 가치관이 되었습니다. 그러나 우리가 완벽함을 추구하면 할수록 후회스러운 일은 더욱더 많아지게 될 뿐입니다.

일반인들은 연예인들을 바라보며 완벽함을 기대합니다. 자신이 가지지 못한 완벽함을 연예인들에게 투사하는 것입니다. 그래서 그

당신의 마음을 진단해 드립니다

들에게 작은 잘못만 보여도 마녀사냥에 가까운 비판과 매도가 이어집니다. 결국 그들은 천국에서 지옥의 나락으로 떨어지고, 그것을 감당하지 못하는 사람은 자살을 선택하기도 합니다. 그러나 그들도 본질적으로 우리처럼 나약하고 불완전한 인간일 뿐입니다.

인생을 살다 보면 어느 누구나 자신이 예상하지 못한, 자신의 힘으로는 거부할 수 없는 불가항력적인 일들을 만나게 됩니다. 그것을 자책하고 후회하는 것은 자신에게 도움이 되지 않는 감정의 소모일 뿐입니다. 과거의 일로 인해 후회가 밀려올 때면 '나도 나약한 한 인간일 뿐이고, 나도 어쩔 수 없었어'라고 자신을 다독이고, 그곳에서부터 더 나아지기 위해 한 발짝 발전적인 한 걸음을 내딛어 보세요.

마음상담소

인간은 누구나 실수를 저지르고
잘못된 선택을 합니다.
그것을 절대 잊지 마세요.
자책을 하면 후회만 남게 되고,
후회는 우리를 우울하게 만듭니다.
자신의 불완전성을 받아들임으로써
우리는 오히려 완전해집니다.

남들은 행복해 보이는데 나만 불행한 이유

우리는 누구나 생로병사의 길을 걸어갑니다. 그래서 인생이란 결코 녹록하지 않습니다. 일단 성인이 될 때까지 오랜 기간 교육을 받아야 합니다. 이 과정을 통해 우리는 치열한 경쟁 사회에서 살아남을 수 있는 기초 실력을 갖추게 됩니다. 학교를 졸업하면 긴 터널의 끝인가 생각하지만, 이제는 취업 경쟁에 직면합니다. 예전에 비해 갈수록 취업의 문은 좁아지고 있어 경쟁은 더욱더 치열합니다. 간신히 직장을 잡으면 이제는 결혼 준비에 돌입해야 합니다. 또 집을 마련하고 재산을 모으기 시작해야 합니다.

결혼을 하고 나면 부모님은 노쇠하기 시작하고, 많은 병이 찾아오기 시작합니다. 만약 치매라는 병이 찾아오면 온 식구가 고생을 해야 합니다. 식구들이 돌볼 수 없는 상황이라면 간병을 위한 물질적인 뒷받침을 해야 합니다.

직장도 평생직장이 없어진 지 오래되었습니다. 경쟁은 학교에서만 하는 줄 알았는데, 직장에서의 경쟁은 더욱 치열합니다. 성과를 내지 못하면 언제 감원의 명단에 오를지 알 수 없습니다. 그러다 은퇴할 즈음이 되면 친구들 중에 중병에 걸려서 갑작스럽게 세상을 떠났다는 소식이 하나둘 들려옵니다.

누구나 겪게 되는 이런 인생의 통과의례뿐만 아니라 각자에게 닥치는 사건사고는 끊임이 없습니다. 실직을 하거나 이혼을 하기도 하고, 자녀가 범죄자가 될 수도 있고, 가족이 범죄의 희생자가 되기도 하고, 불치병에 걸리기도 하고, 큰 소송에 휘말리는 등 예측 밖의 일들이 일어납니다. 이렇듯 우리 삶은 각종 어려움과 고통들이 인생의 단계마다 찾아옵니다.

〈내 어머니의 모든 것〉이라는 영화가 있습니다. 이 영화는 감당하기 어려운 고통을 끊임없이 겪게 되는 한 여인의 이야기입니다. 마누엘라는 예전에 연극배우였으나 지금은 병원의 장기이식센터에서 일하고 있습니다. 하지만 사랑하는 아들 에스테반이 교통사고로 뇌사 상태에 빠지자 아들의 신체 일부를 다른 사람에게 기증하는 힘든 결정을 내립니다. 아들은 죽고 아들의 장기가 여러 사람의 몸에서 살아가는 현실을 마누엘라는 힘들게 받아들입니다.

이후 마누엘라는 바르셀로나로 돌아갑니다. 사실 그녀는 강압적

당신의 마음을 진단해 드립니다

이고 폭력적인 남편을 피해 아들을 임신한 채 오래전 바르셀로나를 떠났습니다. 그때 마누엘라를 더욱 힘들게 한 것은 남편이 게이이며, 유방확대수술까지 했다는 사실입니다.

그녀가 바르셀로나로 다시 돌아왔을 때 상황은 더욱 최악이었습니다. 남편은 에이즈를 앓고 있으면서 수녀 로사와 성관계를 가져 로사가 임신을 하고 에이즈도 함께 갖고 있는 상태였습니다. 마누엘라는 남편에 대한 미움이 컸지만 로사를 받아들이고 그녀가 죽을 때까지 돌봐줍니다. 결국 남편은 에이즈로 죽고 마누엘라는 남편과 로사 사이에서 태어난 아기를 자신이 받아들입니다.

만약 우리가 이러한 삶의 수레바퀴에 깔린다면 어떨까요? 많은 사람이 하늘을 원망하고 자신의 삶을 저주하며 스스로에게 더욱 생채기를 낼 것입니다. 그런데 마누엘라는 이러한 수많은 고통 속에서도 체념하지 않습니다. 물론 그녀도 처음에는 '왜 나에게만 이런 일이 일어나는 거야!'라고 생각해 현실을 받아들이지 못합니다. 하지만 그녀는 이내 마음을 돌립니다. 그녀 자신이 고통과 상처를 많이 받았지만, 주변에 있는 상처받은 이들을 도와주기 시작합니다. 마치 '인생은 그런 것 아닌가'라고 운명을 받아들이듯이 자신의 모든 고통을 받아들입니다.

우리 인생은 우리가 예상치 못한 불행이 찾아오기도 하고, 생각지 못한 행운도 존재하는 법입니다. 그러나 인생의 무거운 짐을 지는 삶을 원하는 사람은 아무도 없을 것입니다. 우리가 어린 시절 읽었던 동화책은 언제나 해피 엔딩으로 끝났기에 우리 삶도 남들의 삶이 행복해 보이는 것처럼 행복하기를 원합니다. 그래서 문제가 닥칠 때마다 화가 나고 괴로울 뿐입니다. '왜 나한테만 이런 일이 생기는 거야. 나는 정말로 운이 없나 봐.' 아마도 이런 생각을 한 번쯤 해 보셨을 겁니다. 다른 사람들의 불행은 잘 보이지 않지만, 행복은 너무 크게 보이기 때문입니다. 밑은 살피지 않은 채 위만 쳐다보면 자신에게만 나쁜 일들이 따라다니는 것 같은 피해의식에 사로잡히게 됩니다.

우리 인생은 낙원이라기보다 고해(苦海), 즉 고통의 세계에 가깝습니다. 그래서 삶에서 겪는 고통들이 나에게만 닥치는 것이 아니라 누구나 겪는 것이라고 생각하고 고통을 받아들인다면 피해의식에 사로잡히지 않고 그것을 이겨낼 수 있는 힘을 얻게 됩니다.

영화 속의 마누엘라도 아들의 죽음으로 인해 무너지려는 자신을 추스르고 자신의 고통과 슬픔을 받아들입니다. 그래서 그녀는 무너지지 않고 희망을 싹틔울 수 있었습니다. 마누엘라는 아들을 잃었지만, 그 아들의 장기로 몇 사람의 목숨을 구하게 됩니다.

마누엘라는 자신을 지치게 하고 슬프게 했던 모든 사람에게 원한과 분노를 갖지 않으려 합니다. 그녀는 도리어 원수 같은 남편의 아이를 받아들이고, 아들이 사인을 받기 위해 뛰어가다 사고를 당하게 한 연극배우 위마를 돌봐주기까지 합니다. 이처럼 그녀는 갈가리 찢겨버린 인생의 자락들을 봉합하면서 결국 자신의 상처도

당신의 마음을 진단해 드립니다

치유받습니다.

인생 앞에 놓인 어려움이나 역경은 우리가 피하려고 한다고 해서 피할 수 있는 것이 아니기에 '인생은 고해'라는 생각으로 마주치고 받아들여야 합니다. 그러다 보면 역경은 우리에게 고통뿐 아니라 선물을 주기도 합니다. 마누엘라는 아들을 잃고 원수처럼 생각했던 남편의 아이를 얻게 되면서 절망 속에서 다시 희망을 보게 됩니다.

그래서 성공한 많은 사람이 "고통 속에서 인생의 진리를 발견했고, 그 고통이 오히려 성공을 가져다주었다"고 말하는 것입니다.

어려움이 닥치면 '왜 내게만 이런 일이?'라고 원망하기보다 '여기에서 내가 배울 수 있는 것은 무엇일까?', '이 고통을 통해 어떻게 더 나은 사람이 될 수 있을까?'라고 스스로에게 질문을 던져 보세요.

마음상담소

다른 사람들의 불행은 잘 보이지 않지만,
행복은 너무 크게 보이기 마련입니다.
밑은 살피지 않은 채 위만 쳐다보면
자신에게만 나쁜 일들이 따라다니는 것 같은
피해의식에 사로잡히게 됩니다.
만약 지금 행복하지 않다면
그건 자신을 제대로 보고 있지 않기 때문입니다.

자신을 믿지 못할 때가 많으신가요?

타고르는 이렇게 말했습니다. "자신의 존재에 대해 끊임없이 놀라는 것이 인생이다."

우리 삶은 자기 자신을 계속해서 알아가는 과정입니다. 처음부터 자기 자신을 잘 아는 사람은 없습니다. 그래서 살아가면서 자신의 새로운 모습들을 발견하게 됩니다.

영화 〈매트릭스〉를 보면 주인공 앤더슨은 평범한 자신 속에서 인류를 구하는 영웅의 모습을 발견해갑니다. 그는 낮에는 평범한 회사원이고, 밤에는 네오라는 이름을 사용하는 그저 그런 해커입니다. 그는 어느 날 모피어스라는 전설적인 해커를 만나 놀라운 사실을 듣습니다. 현재 앤더슨이 살고 있는 세계는 실제로 존재하지 않는 가상현실이며, 인간은 기계의 노예 상태이고 기계가 인간을 사육해서 그 에너지를 취하고 있다는 것입니다. 더욱 놀라운 것은 매트릭스라는 가상현실에서 인간을 구원할 사람은 바로 앤더슨 자신이라는 것입니다.

그는 처음에는 불법 복제한 프로그램이나 팔아서 용돈을 벌고 있는 지극히 평범한 자신이 그런 인물이라는 말을 전혀 믿지 않습니다. 그러나 결국에는 매트릭스 요원들과 마지막 승부를 벌이기 시작합니다.

이 영화를 보고 나서 저는 군의관 시절이 떠올랐습니다. 군의관 생활을 하면서 시간이 남을 때 뭔가 생산적인 일을 하고 싶은 마음에 책을 한 권 써 보자는 생각을 했습니다. 일단 영화를 주제로 잡아서 쓰자고 결정했지만, 그다음이 문제였습니다. 그 흔한 백일장 한 번 나간 적이 없었고 글쓰기라고 해봐야 대학 다닐 때 썼던 리포트가 전부였기 때문입니다.

처음에는 '영화를 소재로 책을 쓰는 것은 좋은데, 글이 따라주지 않는구나'라고 혼자서 절망해 글 쓰는 것을 포기하려고 했습니다. 그런데 마음에 아쉬움이 한가득 남아 무작정 글을 쓰기 시작했습니다. 첫 번째 장을 완성하고 다시 읽어보니 마음에 들지 않아 걱정스러웠습니다.

'과연 나는 글을 쓸 수 있는 능력이 있는 사람인가? 내가 욕심을 부리는 것은 아닐까? 내가 지금 제대로 글을 쓰고 있나? 정말 책은

당신의 마음을 진단해 드립니다

완성이 될까?'

이러한 자기 회의가 끊임없이 들어서 몇 번이고 글쓰기를 그만두려고 했습니다. 그럴 때마다 원고를 열심히 다듬고 떠오르는 생각들을 첨가하며 스스로를 다독였습니다. 그것도 잘 안 될 때는 한두 달 글을 쓰지 않고 쉬기도 했습니다. 그러다 보면 다시 글을 쓸 수 있는 용기가 생기고 그런 과정을 반복하면서 2년 만에 책을 완성할 수 있었습니다.

사실 우리는 인생을 살아가면서 자기 회의에 빠질 때가 많습니다. 자신의 능력에 대한 회의, 앞날에 대한 회의 등 의지에 비해 마음이 따라주지 못할 때가 많습니다. 특히 자기 회의는 한 번도 가보지 않은 길을 갈 때 더욱더 고개를 듭니다.

〈매트릭스〉의 네오도 마찬가지입니다. 자신이 인류를 구원할 수 있는 유일한 사람이라는 말에 황당할 뿐입니다. 그 자신도 그렇게 생각해본 적이 없기 때문입니다.

네오는 자신도 모르는 자신의 능력을 발견하기까지 자기 회의에 빠지게 됩니다. '정말 내가 인류를 구원할 수 있는 사람인가?'

사실 자기 회의에 빠지지 않고 처음부터 자신의 능력을 온전히 알 수 있는 사람은 거의 없습니다. 그래서 자기 회의란 곧 다음 단계로 넘어가기 위한 통과의례이며, 누구나 겪는 과정입니다.

자기 회의는 구약에도 등장합니다. 유대인들이 이집트에 끌려가 노예 생활을 하게 되었을 때, 하나님은 유대인을 해방시킬 사람으로 모세를 지목합니다. 여호와는 모세에게 이렇게 말합니다. "네가 내려가서 그들을 애굽인의 손에서 건져내고, 그들을 그 땅에서 인도하여 아름답고 광대한 땅, 젖과 꿀이 흐르는 땅으로 인도하라."

하지만 모세는 자신 없이 대답합니다. "어제도 그제도 그러했고 당신께서 종에게 말씀하신 오늘도 마찬가지입니다. 저는 워낙 입이 둔하고 혀가 굳은 사람입니다."

이렇게 자신이 유대인들의 지도자감이 아니라고 거부하지만, 결국 그는 유대인들을 이끌고 애굽에서 탈출합니다. 모세는 훌륭한 지도자였지만 처음에는 그 역할을 맡는 것을 주저하고 자신의 능력에 회의를 갖고 있었습니다. 하지만 그는 유대민족을 이끌고 애굽을 탈출하는 역사적 사명을 완수합니다.

그렇다면 인간에게는 왜 자기 회의가 생길까요?

그 원인은 원시 시대로 거슬러 올라가 실마리를 찾을 수 있습니다. 처음 인류가 등장했을 때 원인류는 다른 동물에 비해 지능 이외에 자신을 보호할 수 있는 것이 아무것도 없었습니다. 몸을 따뜻하게 덮을 털도 없었고 다른 동물을 공격할 수 있는 힘이나 발톱도 없었으며 맹수에게서 도망치기에는 다리도 너무 느렸습니다. 그래서 살아남을 수 있는 유일한 방법은 새로운 환경이나 장소에서 자신에게 위험한 상황이 닥치지 않도록 조심하는 것뿐이었습니다. '내가 과연 저 사나운 짐승을 당해낼 수 있을까', '저 멀리까지 가서 사냥할 수 있는 체력을 가지고 있을까', '내가 맞닥뜨린 적을 쓰러뜨

당신의 마음을 진단해 드립니다

릴 수 있을까' 하는 이런 자기 회의에서 비롯되는 조심성으로 인해 인간은 사나운 맹수를 피하고 혹독한 환경에서 살아남을 수 있었습니다.

이런 조심성은 여전히 남아 있어 인간이 자기 회의에 빠지게 합니다. 이러한 자기 회의는 우리로 하여금 상황을 더욱 신중하게 생각하도록 하며, 좀 더 많이 준비하고 혹시 생길지 모를 어려운 상황에 대처하도록 합니다. 그래서 자기 회의란 바로 새로운 환경에 적응할 수 있도록 좀 더 준비를 잘하라는 신호입니다.

자기 회의의 진정한 의미는 자신에게 좀 더 조심성을 갖고 좀 더 많은 준비를 하고 새로운 일에 임하라는 신호일 뿐입니다. 내 능력이 모자라기 때문에 생기는 실패의 전조가 아닙니다. 그래서 자기 회의는 극복할 수 있는 있는 마음의 현상입니다. 자기 회의를 극복하는 방법은 자신에게 닥친 일을 자기 회의를 발판 삼아 하나씩 해결하며 꾸준히 해 나가는 것입니다. 그러다 보면 마침내 해결의 실마리가 보이고 길이 보이게 됩니다.

마치 〈매트릭스〉에 등장하는 네오나 성경 속의 모세가 '내 능력은 별것 아니지만 나에게 주어진 일을 열심히 해야 한다'는 생각으로 포기하지 않고 지속하며 자신 안에 감춰진 또 다른 능력을 발견한 것처럼 말입니다.

우리는 살면서 누구나 자기 회의를 느끼게 마련이며 그것은 우리를 좀 더 조심성 있게 하는 좋은 준비운동임을 잊지 마세요. 그것을 어떻게 대처하느냐에 따라 그것은 우리를 움츠러들게 하는 장애물이 될 수도 있고, 내 안에 감춰진 또 다른 능력을 발견하고 앞으로 전진하게 하는 안내판이 될 수도 있습니다.

당신의 마음을 진단해 드립니다

마음상담소

자기 회의의 진정한 의미는 자신에게
좀 더 조심성을 갖고 좀 더 많은 준비를 하고
새로운 일에 임하라는 신호입니다.
내 능력이 모자라기 때문에 생기는
실패의 전조가 아닙니다.
그래서 자기 회의는 극복할 수 있는
마음의 현상입니다.

삶이 너무 불만스러우신가요?

"하쿠나 마타타"라는 긍정의 주문이 있습니다. "걱정 마 다 잘될 거야"라는 의미의 자기 암시 주문입니다.

삶의 모든 것이 불만스럽고 괴로울 때, 내 삶은 모든 것이 꼬이는 것만 같을 때 "하쿠나 마타타"처럼 상황을 호전시킬 수 있는 다음과 같은 자기 암시 주문이 있습니다.

"모든 문제는 나로부터 비롯되었다."

이는 내 탓을 하는 체념이 아니라 도리어 자신에게 희망을 줄 수 있는 말입니다. 결혼을 후회하는 한 여성을 통해 자세히 살펴보겠습니다.

"저는 결혼한 지 10년이 되었습니다. 하지만 남편이 마음에 드는

당신의 마음을 진단해 드립니다

점이 하나도 없어요. 마음으로는 헤어지고 싶지만, 아이들이 마음에 걸려 도저히 이혼은 할 수가 없어요. 처음 선을 보고 나는 그 사람의 외모가 썩 마음에 들지는 않았지만 그냥 그 사람의 순수함이 마음에 들어 결혼을 결심했어요. 사실 자주 다투시는 부모님 때문에 집에서 하루빨리 탈출하고 싶어서 결혼을 서둘렀는지도 모르겠어요. 하지만 결혼을 며칠 앞두었을 때 이 사람과 결혼하고 싶지 않다는 생각이 들었어요.

그래서 부모님께 솔직히 말씀드렸지만 부모님은 이미 청첩장도 돌린 상태에서 파혼은 절대 안 된다고 반대하셨죠. 어쩔 수 없이 저는 결혼을 했고, 몇 달 되지 않아 그 사람의 단점만 눈에 들어오더라구요. 게다가 시부모를 모시며 시동생까지 같이 살았는데, 이로 인해 부부 싸움이 잦아졌어요. 평소에는 온순한 남편은 시부모에 대한 얘기를 꺼내면 화를 내고 심지어 폭력까지 썼어요. 남편은 마마보이었어요. 그 당시 이혼을 결심했지만, 돌이 갓 지난 딸이 있어 결국 이혼을 접었어요.

이후 저는 아이의 양육 때문에 직장을 그만두었어요. 만약 지금 제게 직장이 있고 아이가 조금만 더 컸다면 당장 이혼할 수 있을 것 같아요. 저는 남편 때문에 제 인생이 망가졌다는 생각이 듭니다. 남편의 답답한 성격은 나아질 리 없고, 앞으로 남은 인생은 너무나 길어요. 저는 잘못된 결혼으로 인해 하루하루 병들어가고 있을 뿐이에요."

이 여성분은 마음에 들지 않는 남성과 결혼하지 않을 수 있는 기회가 분명히 있었습니다. 사실 결혼 날짜까지 정하고 파혼을 하는 일은 결코 쉽지 않습니다. 하지만 자신의 운명을 바꿀 수 있는 일이기에 결혼 한 시간 전이라도 파혼을 했었다면 아마도 몇 달간은 너무 괴롭고 힘들었겠지만 10년 동안 고통을 받고 남은 나날들이 힘겹지는 않았을 것입니다.

더욱이 돌이 지난 딸을 두고 이혼하기는 어려워 포기했다면, 견디기 힘들 때마다 자신이 딸 때문에 자유롭게 살 수 있는 기회를 놓쳤다는 생각이 들어 아이에 대해서 안 좋은 감정이 은연중에 있을 수 있습니다. '너만 없었다면 나는 자유로울 수 있었는데' 하는 생각으로 딸에게 애증의 감정을 갖게 될 수 있습니다.

이 여성분은 10년이 흐른 뒤 과거 그때가 남편과 헤어질 수 있는 좋은 기회였다고 후회하고 있습니다. 그 당시는 직장에 다니고 있어 경제력도 있었지만, 현재는 오랜 경력의 단절로 경제적인 능력도 없고, 초등학교를 다니는 두 아이를 떼어놓고는 도저히 이혼할 수 없는 상황에 이르렀다고 한탄합니다. 하지만 또 10년이 흐른 뒤에 10년 전 지금 이혼하지 않은 것을 후회할지도 모릅니다.

이 여성분은 자신을 불행하게 하는 것이 여러 가지 상황이라고 생각합니다. 그래서 해결의 실마리가 전혀 보이지 않습니다. 그러나 근본적으로 들여다보면 그녀의 선택이 그러한 상황으로 몰고가고 있음을 알 수 있습니다.

당신의 마음을 진단해 드립니다

그러나 만약 이 여성분이 '이 남자를 선택한 것은 나의 선택이고, 파혼하지 못한 것도 내 책임이며, 결혼하고 몇 년 뒤 아이의 인생이 내 인생보다 더 소중하기 때문에 이혼하지 않겠다고 결정한 것도 바로 나 자신이다'라고 인정한다면 어떨까요? 상황은 똑같지만 결과는 달라질 수 있습니다.

결국 이 여성분의 견디기 힘든 불행은 모든 문제가 외부에서 비롯되었다는 생각이 피해의식만을 키웠기 때문에 온 결과입니다. 이 여성분은 자신을 운명의 희생자라고 생각해 살아갈 희망을 스스로 억누른 것이나 마찬가지입니다. 그러나 생각을 달리해 '모든 문제는 나로부터 비롯되었다'고 생각해 보면 어떤가요?

오히려 희망이 보이기 시작합니다. 내 인생을 결정하는 주체는 나이며, 내가 내 인생을 바꿀 수 있다고 생각하기 때문입니다. 그러면 이 여성분의 경우 자신이 이혼하지 않는 것이 자신의 탓—나의 행복보다 아이들의 장래가 더 중요하다고 판단하는—이라고 생각이 달라지게 됩니다. 바로 모든 상황에서 자신이 주체가 되는 것입니다. 그리고 모든 선택은 결국 내가 한 것이고, 이런 선택에 대해 내가 책임을 진다는 결론에 이르게 됩니다. 그러면 나는 남들에게 피해만 받고 살았고 그동안 나를 둘러싼 모든 가족들이 나의 인생을 망쳐놓고 내 앞길을 가로막았다는 분노감에서 벗어날 수 있습니다.

만약 더 이상 다른 사람들 때문에 내 인생이 볼모가 되는 것을 원하지 않으면 이혼할 수도 있습니다. 그러면 아이들이 내 인생을 붙잡고 있다는 피해의식에서 벗어나 진정으로 아이들에 대한 애정이 생길 수 있습니다.

자신의 인생이 다른 사람 때문에 망가졌다는 생각에 그를 죽여 버리고 싶을 만큼 증오하는 남자의 인생 역정을 그린 영화가 있습니다. 〈토토의 천국〉은 남의 탓을 하는 것이 얼마나 인생을 불행하게 하는지를 잘 보여줍니다.

주인공 토토의 집은 이웃집 알프레드의 집보다 가난합니다. 토토는 자신과 알프레드가 태어나던 날 병원에 화재가 발생해 서로의 운명이 바뀌었다고 굳게 믿고 있습니다. 토토는 알프레드가 태어나면서부터 자신의 운명을 훔친 인간이라고 생각합니다. 그런데 설상가상으로 토토의 아버지가 알프레드 가게의 물건을 수송하다 비행기 사고로 죽습니다. 또한 토토는 누나가 알프레드와 친해지는 데 질투심을 느껴 누나를 충동질해 알프레드의 집에 불을 지르게 합니다. 그런데 그 와중에 누나가 죽고 맙니다. 토토는 자신의 운명을 훔치고, 아버지와 누나를 빼앗아 간 장본인이 알프레드라고 생각해 그를 용서할 수 없습니다.

성인이 된 토토는 우연히 죽은 누나를 닮은 여인 이벨리느를 만나 사랑에 빠집니다. 그런데 이벨리느는 알프레드의 아내였습니다. 토토는 다시 한 번 알프레드를 원망합니다. 토토와 이벨리느는 함께 도주하기로 하지만 실패하고 결국 둘은 헤어집니다. 이후 토토

당신의 마음을 진단해 드립니다

는 알프레드를 원망하며 늙어갑니다.

노인이 된 토토는 자신의 원수를 갚기 위해 알프레드를 죽일 생각으로 그를 찾아갑니다. 하지만 알프레드도 이미 노인이 되어 있었고, 게다가 그는 암살의 위협까지 받는 상황이었습니다. 또한 토토를 놀라게 한 것은 알프레드가 토토의 평범한 인생을 오히려 부러워했다는 것입니다. 토토는 그제야 자신의 잘못을 깨닫습니다. 그리고 알프레드로 변장해서 암살범들에게 죽어갑니다.

토토는 계속 자신의 인생이 알프레드 때문에 망가졌다고 생각합니다. 그래서 그의 삶은 불행할 수밖에 없습니다. 왜냐하면 남이 인생에 끼어들었기 때문입니다. 노인이 된 토토는 알프레드를 만나고 나서야 모든 문제가 자신에게서 비롯되었음을 깨닫습니다.

사실 병원에서 자신과 알프레드가 바뀌었다고 생각한 것은 자신의 현실을 받아들이기 싫었기 때문입니다. 또한 누나의 죽음은 토토 자신이 누나를 부추겨서 생긴 일이며 그것은 알프레드에 대한 질투심 때문이었습니다. 그리고 자신이 사랑했던 이벨리느도 알프레드가 뺏은 것이 아니라 이벨리느는 자신을 만나기 전 이미 알프레드의 아내였기 때문에 알프레드의 아내를 뺏은 것은 자신이었습니다. 그로 인해 알프레드 부부는 파경을 맞습니다.

그는 자신의 잘못을 보려 하지 않고 모든 문제가 남으로 인해 또는 운명으로 인해 망가졌다고 생각했기 때문에 언제나 불행했던 것입니다. 하지만 알프레드에게서 "네 인생이 부러웠다"는 말을 들게 되면서 그는 모든 문제가 자신에게서 비롯되었음을 깨닫습니다. 그는 이런 사실을 받아들이기 어렵지만, 그것을 알고 난 뒤에 자신의 인생이 불행하지만은 않았다고 생각합니다. 그리고 알프레드로 인해 자신의 인생이 망가졌다는 피해의식도 없앨 수 있었습니다. 그래서 그는 알프레드를 대신해 죽음의 길로 들어선 것입니다.

'모든 문제는 나로부터 비롯되었다.' 이를 받아들이면 자신을 운명의 희생자로 머물지 않게 하는 시작이 됩니다. 지금 처한 상황이 불만스럽고 괴로우신가요? 그렇다면 그것을 자초한 것이 나라는 생각을 해야 합니다. 그러면 도리어 내가 무언가 할 수 있는 길이 열립니다. 따라서 이 말은 패배자의 자기 체념이 아니라 내가 앞으로 내 운명을 움직일 수 있다는 적극적이고 능동적인 선언이라 할 수 있습니다.

당신의 마음을 진단해 드립니다

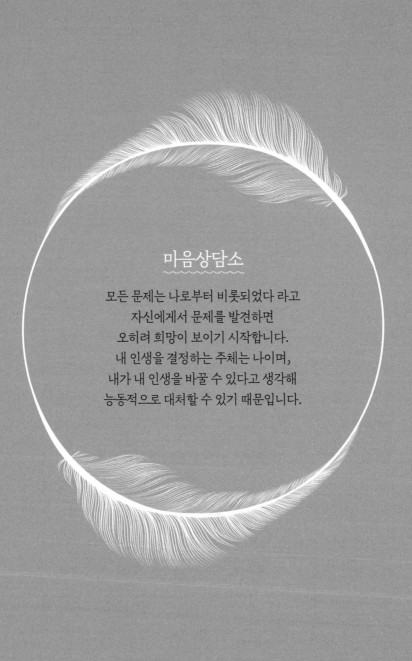

마음상담소

모든 문제는 나로부터 비롯되었다 라고
자신에게서 문제를 발견하면
오히려 희망이 보이기 시작합니다.
내 인생을 결정하는 주체는 나이며,
내가 내 인생을 바꿀 수 있다고 생각해
능동적으로 대처할 수 있기 때문입니다.

먹는 욕구는 본능입니다

현대인들의 가장 큰 고민이자 관심사 중의 하나는 다이어트일 것입니다. 특히 내면보다 외부로 드러나는 몸에 대한 관심이 증폭되면서 남성보다는 여성에게 다이어트에 대한 강박관념이 생겼습니다. 날씬하고 마른 여성이 미(美)의 기준이 되면서 객관적으로 정상적인 몸무게를 지닌 여성들도 지나친 다이어트로 건강에 이상이 생기고, 정신과 상담을 받는 경우가 많아졌습니다. 한번은 20대 직장 여성과 상담을 한 적이 있습니다.

"다이어트를 6개월 정도 하면서 운동도 같이 하다 보니 살이 많이 빠졌어요. 사람들이 저한테 비결이 뭐냐고 물어보기 시작했고, 전보다 훨씬 예뻐졌다고 칭찬을 했어요. 저는 확 달라진 사람들의

당신의 마음을 진단해 드립니다

관심에 기분이 좋았고, 살이 빠지고 나니 자신감도 생기면서 내 자신이 대견하다는 생각이 들었어요. 하지만 그렇게 유지할 수 있었던 것은 겨우 몇 개월뿐이었어요. 음식에 대한 경계심이 줄어들면서 먹는 양이 조금씩 늘어나 체중이 금방 늘기 시작했어요.

처음에는 실망스러웠지만 다시 음식을 조절하고 운동량을 늘리면 되겠지라고 생각했어요. 하지만 모임이나 집안 행사 등에 참석할 때마다 맛있는 음식을 앞에 두고 참기란 너무 어려웠어요. 옆에서 남들은 배불리 먹는데, 나는 항상 채소만 먹으려니 정말 속이 상하더라구요. 결국 조금씩 먹기 시작한 음식으로 인해 다시 살이 쪄서 체중이 예전으로 돌아가는 데 걸린 시간은 살을 빼는 데 걸린 시간의 6분의 1 정도였어요. 체중이 줄기 전 입었던 옷을 옷장에서 꺼낼 때마다 나는 인생의 실패자라는 생각이 들고, 내 의지력이 경멸스럽기까지 하더라구요. 게다가 나를 칭찬했던 사람들이 나를 속으로 얼마나 비웃을지 너무 두려워요."

아마 다이어트만큼 힘든 일도 없을 것입니다. 인간은 본능적으로 먹어야 살 수 있기 때문입니다. 우리의 유전자에 각인된 본능은 자신의 몸을 유지하기 위해 먹으라는 지시를 내립니다. 먹고 싶은 욕구는 나태함이나 무능함과 상관이 없습니다. 하지만 현대는 날씬한 몸이 곧 능력이고 자기 관리라고 규정함으로써 많은 여성이 슬림한 몸을 갖기 위해 먹는 것에 대해 시달리고 있습니다.

인간의 역사는 감정과 이성 또는 본능과 이성의 대결이라고 볼 수 있습니다. 이성은 항상 본능을 억압하려고 해왔습니다. 그런 방법 중 하나는 본능적인 부분에 죄와 혐오감의 프레임을 씌우는 것입니다. 그래서 성욕, 식욕, 수면에는 항상 죄책감이 동반합니다. 하지만 본능은 단지 자신의 신체를 보호하고 유지하려는 욕망밖에 없습니다. 이런 욕망은 원초적이며 단순하기 때문에 강한 힘을 갖고 있습니다. 어떤 가치나 이념으로 본능을 억압하려고 해도 내가 숨을 쉬고 체온을 유지하고 움직일 수 있게 하는 원동력인 음식에 대한 욕망을 꺾을 수는 없습니다.

하지만 방송 등에서는 날씬하고 굴곡진 체형을 치켜세우고 계속해서 보여줍니다. 반복해서 자주 보면 뇌에 기억되면서 아주 친숙해지고 자연스러워집니다. 따라서 일반인들은 이런 체형을 정상으로 생각합니다. 그래서 많은 정상적인 사람들이 기형적인 소수의 사람을 따르는 과정에서 심한 다이어트를 무의식적으로 강요받게 됩니다.

영화 〈내겐 너무 가벼운 그녀〉는 우리가 이런 방송이나 편견에 얼마나 중독이 되어 있는지를 보여주고 있습니다. 주인공 할 라슨의 아버지는 아들에게 잘빠진 미녀와 결혼하라고 유언을 합니다. 할은 아버지의 유언대로 늘씬한 여성들만 쫓아다니지만 여성들의 반응은 신통치 않습니다. 그러던 어느 날 할이 유명한 심리상담가인 로빈스와 엘리베이터에 함께 갇히는 사고가 발생합니다. 로빈스는 할에게 외모가 아니라 마음이 착한 여성들이 예뻐 보이는 특별

당신의 마음을 진단해 드립니다

한 최면을 걸어줍니다.

그래서 만난 여성이 로즈마리인데, 할의 눈에 그녀는 이 세상 누구보다 아름다운 여성으로 비쳐집니다. 하지만 실제의 로즈마리는 매우 뚱뚱한 여성입니다. 할의 친구는 문제가 있다고 생각하고 로빈스에게 찾아가 할을 다시 원래 상태로 돌려놓으라고 합니다. 이때 로빈스는 이렇게 말합니다. "그를 이상하게 만든 것이 아니라 도리어 정상적인 상태로 돌려놓은 것입니다."

이 말은 방송 등을 통해 잘못 주입된 미(美)의 기준이나 편견으로 인해 우리가 집단 최면 상태에 빠져 있음을 빗대어 말한 것입니다. 사람들은 문화가 규정한 인간이 되기 위해 먹는 본능과 계속 싸울 수밖에 없지만 이런 싸움은 별로 승산이 없습니다. 식욕은 인간이 가지고 있는 진화의 산물이기 때문입니다.

우리나라만 하더라도 음식이 풍족해진 것은 수십 년 전의 일입니다. 그 전까지만 해도 음식은 항상 부족했으며 흉년이라도 들면 기아자가 수만을 넘어서는 일은 비일비재했습니다. 당연히 그 이전 인간은 음식 부족으로 더욱 고통 받았습니다. 인류가 진화한 200만 년의 역사 동안 인간이 풍족하게 음식을 먹을 수 있던 시기는 아마도 길어야 100년이 되지 않을 것입니다. 그나마 지금 선진국에서는 음식의 과잉으로 비만이 문제가 되고 있지만, 아프리카 같은 곳은 여전히 기아로 인해 수백만 명의 사람이 죽고 있는 것이 현실입니다.

역사적으로 오랫동안 인간은 굶주려왔기에 어떤 음식이든 생길 때마다 잘 먹는 인간이 생존할 수 있었습니다. 배고플 때를 대비해서 음식을 빨리 지방으로 축적하는 능력을 가진 인간이 오랜 진화 과정에서 생존할 수 있었습니다. 그러므로 현대인들은 이런 오랜 진화 과정의 산물입니다.

하지만 수십 년 전부터 인류의 역사는 음식의 부족에서 음식의 과잉으로 바뀌었습니다. 인간의 몸은 항상 기아 상태를 대비해 발전하고 진화해왔지만, 현실에서 정반대의 상황이 전개된 것입니다. 아무리 이성적으로 억누르려고 해도 인간이 음식 앞에서 조절하지 못하는 것은 당연한 현상입니다. 따라서 자신이 음식을 조절하지 못하는 것은 나태하거나 무능한 것이 아니라 인류가 지금까지 생존해온 전략의 하나입니다.

그래서 다이어트가 오히려 스트레스를 유발하고 자책을 하게 만든다면 먹는 욕구를 심하게 조절할 필요는 없습니다. 남에게 보이기 위해 정작 내 건강과 마음을 해쳐서는 안 되기 때문입니다.

당신의 마음을 진단해 드립니다

마음상담소

먹고 싶은 욕구는 나태함이나 무능함과
상관없이 자신의 몸을 유지하기 위한 본능입니다.
어떤 가치나 이념으로 본능을 억압하려고 해도
내가 숨을 쉬고 체온을 유지하고 움직일 수 있게 하는
원동력인 음식에 대한 욕망을 꺾을 수는 없습니다.

갑자기 욱할 때가 많으신가요?

한번은 다음과 같은 분을 상담했던 적이 있습니다.

그는 직장에서는 매우 유능하고 성실한 중역이며 가정에서는 가족만을 위해 헌신하는 50대 중반의 가장이었습니다. 그는 암으로 투병하는 아내를 5년 동안 간병하면서 싫은 표정 한 번 지은 적이 없었고, 항상 자식들과 같이 지내려고 애쓰는 아버지였습니다.

그에게는 직장과 가정이 전부였고, 그는 취미 하나 없이 가족과 함께하는 삶을 최고의 가치로 여기며 살았습니다.

하지만 가족은 그런 헌신적인 남편, 아버지를 별로 좋아하지 않았습니다. 그가 술을 마시고 들어오는 날이면 가족은 밤새도록 그의 이야기를 들어야 했기 때문입니다. 그는 평소에는 화 한 번 내지 않을 정도로 점잖고 모든 것을 삭이는 타입이지만, 술만 마시면 평소에 쌓였던 가족에 대한 불평을 밤새도록 이야기했습니다. 가족은 녹음테이프를 틀어놓은 듯이 반복되는 그의 이야기를 듣는 것이 고통이었습니다.

남성분들 중에는 화를 내서는 안 된다고 생각해 평소에는 참다가 한꺼번에 화를 폭발하는 분들이 많습니다. 화를 내는 것에 대해 매우 부끄럽게 생각하기 때문입니다. 왜냐하면 화를 내면 사람들이 자기를 감정 조절도 못하는 사람이라고 여길까 생각되고, 또 스스로 자신을 속 좁은 인간이라고 여기기 때문입니다. 다시 말해 화를 낸 원인에 대해서는 별로 생각하지 않고 화를 낸 사실만을 부각하는 것입니다. '왜 내가 그때 참지 못했을까', '내가 감정적인 사람으로 비춰지는 것은 아닐까', '그만한 일에 화를 내다니, 나는 속 좁은 인간이구나' 등의 생각들이 머릿속을 맴돌게 됩니다.

위에 언급한 50대 남성은 자신이 화내는 것을 점잖지 못하고 부끄럽다고 여겼기 때문에 극단적인 성격의 측면이 나올 수밖에 없었습니다. 그동안 쌓였던 불만을 무의식 깊숙이 숨기는 것을 반복하면, 누적되었던 분노는 용수철처럼 튀어나오면서 도리어 자신도 제어하지 못할 정도로 폭발할 수밖에 없습니다. 에너지 보존의 법칙처럼 자신이 삭이고 참아내던 분노는 없어지는 것이 아니라 뜻하지 않은 방향으로 튀어나오면서 자신과 상대방을 당황하게 합니다.

영화 〈미 마이셀프 앤드 아이린〉은 그러한 인간의 모습을 잘 그리고 있습니다. 찰리는 자신의 직무에 충실한 경찰입니다. 그는 자녀에게 헌신하는 아버지이자 자상한 남편이며 동네에서는 마음씨 좋은 이웃입니다. 자신만을 사랑한다고 맹세했던 아내가 흑인 운전사와 눈이 맞아 흑인 아이 세 명을 낳았지만, 착한 찰리는 화 한 번 내지 않고 아내의 부정을 눈감아줍니다. 하지만 아내는 아이 셋만을 남겨둔 채 흑인과 집을 나가버립니다. 게다가 이웃집 여자는 찰리의 신문을 자기 것처럼 가져가서 보기 일쑤이고, 그 집 개는 찰리의 정원까지 넘어와서 똥을 싸놓고 가버립니다. 하지만 찰리는 늘 화를 꾹꾹 눌러 참으며 억지로 웃음을 띠고 이웃을 대합니다.

그러던 중 무단으로 오랫동안 주차하고 있는 차를 치우라는 찰리의 말에 차 주인이 그에게 열쇠를 던져주며 알아서 차를 다른 곳에 주차하라고 하자 찰리는 마침내 폭발하고 맙니다. 찰리는 이때부터 난폭해지기 시작합니다. 그는 자신을 놀리던 여자아이를 물속에 처박아버리고, 남의 차를 타고 가게로 돌진합니다.

그동안 삭이고 삭였던 화와 분노가 극에 달하면서 다중인격장애가 되어버린 것입니다.

그에게는 착한 찰리와 나쁜 행크(찰리의 또 다른 자아)라는 두 개의 인격이 존재하게 됩니다. 나쁜 행크의 인격이 튀어나오면 음담패설을 늘어놓고 아주 폭력적이며 남들의 작은 잘못에도 화를 내고 시비를 거는 사람으로 바뀝니다. 그런 그가 회사의 비밀을 아는 바람

당신의 마음을 진단해 드립니다

에 악당들에게 쫓기는 아이린과 동행하면서 여러 가지 해프닝이 벌어집니다. 결국 그는 위기에 빠진 아이린을 구하고 그녀를 사랑하면서 분열되었던 그의 인격도 다시 합쳐집니다.

영화에서 착한 찰리와 나쁜 행크 둘의 인격이 통합된 것은 그동안 억누르던 분노와 울분을 모두 행크라는 나쁜 인격을 통해 토해냈기 때문일지도 모릅니다. 자기 안의 다른 인격을 만들어서라도 화를 표현했기에 착한 찰리로 살 수 있게 된 것입니다.

이처럼 인간은 화를 내지 않고는 살 수 없는 존재입니다. 그래서 화를 낸다는 것은 잘못된 것이 아닙니다. 우리가 화를 내는 데에는 이유가 있습니다. 누군가 나를 때리면 몸이 아픈 반응을 보이듯이, 누군가 내게 심리적으로 자극을 줬다면 당연히 감정적인 동요가 있게 마련입니다.

인간은 희로애락의 감정을 갖고 있습니다. 하지만 우리는 이 네 가지 감정(기쁨, 분노, 사랑, 즐거움) 중에서 분노에 대해서는 부정적인 인식을 갖고 있습니다. 분노를 속이 좁은 사람이나 참을성이 없는 사람, 또는 난폭한 사람들이 갖고 있는 것이라 여기기 때문입니다. 그래서 우리는 화를 낸 후에 스스로 자책하고, 다시는 화를 내지 말아야겠다고 생각합니다. 또한 화를 내고 난 뒤의 후회와 자책이 떠올라 화낼 만한 일도 꾹꾹 참을 때가 많습니다. 만약 이렇게 오랜 세월을 참다 보면 이런 감정은 어느 순간 사소한 자극으로 폭발해 버립니다.

저는 운전을 할 때 음악을 듣습니다. 처음 라디오를 켜고 볼륨을 높일 때 조절을 잘 못해서 갑자기 음악 소리가 커지는 경우가 있습니다. 놀라서 얼른 소리를 줄이면 소리는 너무 작아집니다. 이때 볼륨을 천천히 높이면서 듣기 좋은 정도로 소리를 맞추면 차 안은 작은 음악실로 바뀌고 음악에 따라 기분은 아주 편안해집니다.

우리가 화를 낸다는 것은 마치 라디오의 볼륨을 높이다가 실수로 음악을 크게 트는 것과 같습니다. 잘못해서 음악 소리를 크게 틀 경우 소음이기는 하지만 그것은 분명 음악입니다. 마찬가지로 분노란 인간 안에 존재하는 다양한 감정 중 하나가 드러났을 뿐입니다.

물론 이런 실수를 막는 방법도 있습니다. 라디오의 볼륨을 조심조심 높이면 됩니다. 그런데 그러다 보면 인생을 너무 조심스럽게 살게 되고, 답답함을 느낄 수밖에 없습니다. 아예 그런 실수를 하지 않기 위해 라디오를 듣지 않을 수도 있습니다. 하지만 라디오를 켜지 않는다면 화내는 자신이 두려워 사람 만나는 것을 완전히 끊어버리는 경우와 같습니다. 그러면 소음은 피할 수 있지만 자신이 좋아하는 음악은 영영 듣지 못하게 됩니다. 우리가 가지는 분노의 감정은 피할 수 있지만 인간관계를 통해 얻는 즐거움은 차단된 채 홀로 지내는 수밖에 없는 것과 마찬가지입니다. 결국 우리는 화를 발산하면서도 사람들과의 좋은 인간관계를 유지하기 위해서는 이런 불가피한 문제에 맞닥뜨리면서 살 수밖에 없습니다.

처음에는 라디오의 볼륨을 조절하는 것이 잘 안 돼 가끔 소음이

당신의 마음을 진단해 드립니다

발생할 수 있지만 조금씩 조율하다 보면 자신에게 맞는 음악 소리를 찾게 됩니다. 우리는 때로 라디오의 볼륨을 한껏 올려 귀청이 터질 듯이 음악 소리를 듣고 싶을 때도 있습니다. 이때 음악 소리는 소음이 아니며 오히려 우리의 스트레스를 날려줍니다. 어떤 경우에는 심하게 화를 내는 것이 나쁘지 않은 것과 마찬가지입니다. 한동안 담아두었던 감정들을 모두 쏟아낼 때 도리어 상대방에 대한 섭섭함이나 분노의 감정을 모두 털어버리는 기회가 되는 것입니다. 이를 통해 상대방과의 관계가 더욱 친밀해지는 계기가 될 수도 있습니다.

상대방에 대한 분노와 섭섭한 감정이 남아 있는 경우, 입으로는 미소를 지을 수 있지만 진정으로 친밀한 관계는 이뤄질 수 없습니다. 그래서 싸움이 없는 부부는 어떻게 보면 서로에게 냉담하고 무관심한 관계일 수 있습니다. 그들은 서로의 라디오를 아예 꺼버리고 지내며 볼륨을 조율할 의지마저 없어졌기 때문입니다.

기쁨, 사랑, 즐거움만큼이나 분노도 인간의 기본적이며 자연스러운 감정입니다. 그래서 화를 제때, 적절한 방식으로 표현하는 사람이 마음이 건강한 사람입니다.

마음상담소

기쁨, 사랑, 즐거움만큼이나 분노도
인간의 기본적이며 자연스러운 감정입니다.
인간은 화를 내지 않고는 살 수 없는 존재입니다.
그래서 화를 제때, 적절한 방식으로 표현하는 사람이
마음이 건강한 사람입니다.

내 얘기 하기가 눈치가 보이시나요?

영화 〈아바타〉를 만든 제임스 카메론 감독이 〈타이타닉〉이란 영화로 아카데미 시상식에서 상을 휩쓸었을 때의 일입니다. 작품상까지 받은 제임스 카메론 감독은 무대에 올라 이렇게 말했습니다. "나는 세상의 왕이다."

그의 수상 소감은 소위 대단히 잘난 체를 한 것입니다. 하지만 그의 말에 대해 이의를 제기하는 사람은 별로 없었습니다. 영화의 작품성을 떠나서 모두 불가능하다고 생각했던 〈타이타닉〉이라는 대작을 만든 그의 집념과 성과를 인정하지 않는 사람은 없었기 때문입니다.

이렇듯 잘나고 성공한 사람들이 잘난 체하는 것에 대해 일반인들은 별로 부정적으로 생각하지 않습니다. 하지만 주변 사람들이 잘난 체를 하면 태도는 완전히 달라집니다. 그 사람을 끌어내릴 수 있는 이유라고 생각하기 때문입니다.

"쥐뿔도 없으면서 외제차는 왜 타고 다녀?", "그렇게 지가 똑똑하면 왜 서울대를 못 갔어?", "마누라 자랑은 팔불출이라던데, 뭐 그리 잘났다고 마누라 자랑은 늘어놓나?", "어쩌다 재수가 좋아서 1등 한 것 가지고 무슨 하버드 대학에 간 것처럼 흥분할 게 뭐야", "대출받아 집을 샀으면서 집만 그렇게 꾸미면 뭐 하나, 빚잔치면서."

그렇다면 잘난 체는 잘나고 성공한 사람들만 해야 하는 것일까요? 남들 눈에 띄지 않는 평범한 삶을 살아가는 사람들은 잘난 체를 하면 안 되는 것일까요?

우리 사회는 잘난 체는 겸손이라는 미덕의 반대편에 위치한다고 생각하는 사람이 많습니다. '벼는 익을수록 고개를 숙인다'고 하는데, 겸손하지 않고 자신의 잘난 점을 떠들고 다니거나 은근히 과시하는 것에 대해 사람들은 부정적인 반응을 보입니다. 잘난 체하는 사람은 뭔가 가볍고 방정맞다고 생각하면서 그런 사람을 따돌리기도 합니다.

그래서 부모들은 아이가 학교에서 지나치게 잘난 체하지 않도록 주의를 주기도 합니다. 또한 자녀가 잘한 일에 대해 일부러 칭찬을 아끼기도 하는데, 아이가 오만해지거나 잘난 체할까 봐 걱정이 되기 때문입니다. 우리는 어린 시절부터 잘난 체하는 것이 좋지 않다

당신의 마음을 진단해 드립니다

고 배웠기에 잘난 체를 삼가며 조심합니다. 그러다 보니 소극적으로 행동하고, 자신이 한 이야기를 복기하며 '어쩌다 아이가 공부를 잘한다는 얘기를 했을 뿐인데, 혹시 친구들이 내가 잘난 체한다고 생각하는 것은 아니겠지', '이번에 집을 샀다는 얘기를 괜히 했나? 혹시 내가 돈 좀 있다고 잘난 체한다고 여기는 것은 아닐까?'라고 점검합니다.

이렇게 일상적인 대화에서도 자신의 이야기를 항상 검열하다 보면 정작 자신의 좋은 점을 남들에게 알리기가 쉽지 않습니다. 그런데 인간은 누구나 자기애적인 성향을 가지고 있어서 남들에게 자신을 드러내고 남들이 자신을 알아주기를 바라는 마음이 있습니다. 이러한 자기애적 성향은 본능적인 것이기에 우리는 남들에게 좀 더 자신의 좋은 점을 알리고 싶어 자신의 발전을 꾀하기도 합니다. 내가 이러이러하게 괜찮은 사람이고, 앞으로 좋은 점을 남들에게 더 알리고 싶다는 생각이 자신을 발전시키는 한 부분이 되는 것입니다.

하지만 이러한 자기애적 성향은 우리 문화의 잘난 체에 대한 혐오로 인해 차단됩니다. 그러다 보니 회사에서, 직장에서, 모임에서 사람들은 적극성을 잃게 되는 경우가 많습니다.

회사에서 회의를 하는데 좋은 아이디어가 생각나도 혹시 후배인 내가 선배들을 제치고 의견을 내놓았다가 선배들에게 제대로 알지도 못하면서 잘난 체한다는 얘기를 들을까 봐 꾹 눌러 참기도 합니다. 이렇게 되면 토론의 장이 되어야 할 회의가 침묵의 장이 될 수밖에 없습니다.

영화 〈금발이 너무해〉는 자기애를 발전적으로 이용하는 한 여성의 모습을 보여줍니다. 엘 우즈는 대학에서 패션을 전공하는 아름다운 금발의 여학생입니다. 엘은 상원의원을 여럿 배출한 집안의 잘생긴 청년인 워너와 사귀고 있습니다. 졸업이 가까워오는 어느 날 야심이 많은 청년 워너는 자신의 배우자가 될 사람은 좋은 집안에 지적인 여성이어야 한다는 말과 함께 결별을 선언합니다. 워너는 엘이 애인으로는 좋지만 배우자로는 격이 맞지 않다고 생각하기 때문입니다. 실의에 빠진 엘은 워너가 다니고 있는 하버드 법대에 진학한다면 워너의 마음을 돌려놓을 수 있을 것이란 생각으로 기상천외한 자기소개서를 제출해 결국 하버드에 입학합니다.

예전에 대학교 캘린더 모델을 하며 인기를 한 몸에 누렸던 엘은 하버드에 입학한 후로는 패션을 전공했는데 뭘 알겠느냐며 따돌림을 당합니다. 엘은 오기가 발동해 공부에 매달리고 워너는 지적으로 변한 엘에게 다시 마음이 돌아오지만 이제 엘은 더 이상 워너가 필요하지 않아 워너를 차버립니다. 엘은 졸업생 대표로 졸업 연설을 하고 많은 사람이 이제는 그녀를 편견 없이 보게 됩니다.

영화 속 엘은 초반부에는 전형적으로 외모에만 신경 쓰는 여성으로 등장합니다. 그녀는 지적인 능력에는 별로 관심이 없습니다. 동서양을 막론하고 여성은 외모가 뛰어난 것 자체가 능력으로 평

당신의 마음을 진단해 드립니다

가받기에 엘은 사회에서 규정한 여성의 강점에만 신경 쓰고 싶어 합니다.

그러나 이런 여성상이 애인으로는 좋지만 배우자감으로는 맞지 않는다는 이야기를 남자친구인 워너에게 듣게 되면서 그녀는 커다 란 고민에 빠집니다. 자신이 지금까지 남들에게 부러움을 받는 대 상이 된 점이 이제 모두 단점이 되었기 때문입니다.

엘은 단지 남자친구를 되찾기 위한 일념으로 자신이 그동안 중 요하다고 여기지 않았던 지적인 영역을 계발하기 위해 법대에 진 학합니다. 처음에는 고전을 면치 못하지만 그녀의 숨은 재능은 조 금씩 피어나게 되고, 지적인 영역에서도 잘난 체를 하기 시작합니 다. 그리고 사회적 편견에 얽매이는 데서 벗어나 홀로 인생의 길을 열게 됩니다.

만약 자신에게 잘난 점이 있다면 그것은 분명 잘난 것입니다. 그 런 부분을 드러내는 걸 두려워할 필요는 없습니다. 그것을 갖지 못 한 사람의 질시나 따돌림도 분명 있을 것입니다. 하지만 그런 반응 이 두려워 자신의 재능을 살리지 못한다면 자신의 인생에서 그것 보다 큰 실수는 없을 것입니다.

이 영화는 비록 비현실적인 코미디지만, 중요한 사실을 말해주고 있습니다. 누구도 자신 안에 존재하는 숨겨진 재능은 알 수 없으며, 그런 재능을 키우기 위해서는 당당하게 남들에게 드러내는 것에서 부터 시작해야 한다는 것입니다. 남들의 비웃음과 의혹 어린 시선을 뒤로한 채 엘이 당당하게 히비드 법내에 가겠다고 선언하는 모습은 배울 점이 있습니다. 내 안에 존재하는 계발되지 않은 재능을 남들의 시선에 아랑곳하지 않고 드러내겠다는 배짱을 엿볼 수 있기 때문입니다.

나르시스가 수면에 비친 자신의 모습을 보고 반해 물에 빠져 죽었다는 그리스 신화에서 유래한 나르시시즘(narcissism, 자기애)은 어떻게 보면 우리 사회처럼 자기 부정을 미덕처럼 여기는 사회에서는 필요한 덕목입니다. 다음 페이지에 내가 남들에게 잘난 체할 수 있는 항목을 한번 써 보시기 바랍니다

혼자 있는 시간이 두려우신가요?

외롭다는 감정은 구체적으로 무엇일까요? 자신이 이 세상에 혼자 있는 것 같은 느낌, 주변에 아무도 없는 느낌, 나 혼자만 덩그러니 놓여 있는 느낌, 누구도 나에게 아무런 관심이 없는 것 같은 느낌, 내가 속한 사회적인 집단(가족, 친구, 직장 등)에서 떨어져 홀로 있는 느낌 등이라고 할 수 있을 것입니다.

사람은 태어나면서 자신이 원하든 원치 않든 사회적인 관계를 맺어야 합니다. 태어나자마자 처음으로 맺는 관계가 부모와 자식이라는 관계입니다. 나이가 들면서 또래 친구들을 만나고, 좀 더 나이를 먹게 되면 그 관계는 폭넓게 증가합니다. 학교 동창들이 생기고, 연인을 만나기도 합니다. 직장에 취직해서는 직장동료를 만나고, 직장

당신의 마음을 진단해 드립니다

상사로서 또는 부하직원으로서 다른 사람과 관계를 맺게 됩니다. 결혼을 하면 남편과 아내로, 나중에는 아버지나 어머니로 자식과 관계를 맺습니다. 인간관계는 넓히면 넓힐수록 점점 더 커지게 됩니다.

인간은 사회적인 존재이기에 인간관계에서 상처도 받지만 즐거움이나 행복감을 느낍니다. 하지만 아무리 많은 인간관계를 맺고 있어도 누구나 외로움을 느끼게 됩니다. 어떤 모임에 가서 즐겁게 수다를 떨고 즐거운 시간을 가졌지만, 집에 돌아오면 갑자기 공허함을 느끼기도 합니다. 즐거운 시간을 가졌음에도 그런 기쁨은 오래 지속될 수 없다는 것을 알게 됩니다.

이런 외로움이 싫어 항상 누군가를 자신의 곁에 두려는 사람도 있습니다. 인간이 가진 실존적인 외로움이 밀려와서 혼자 있는 것을 견디지 못하는 것입니다. 그러나 어느 누구나 내 마음을 정확하게 아는 사람이 없으며 내게 닥친 문제는 아무도 대신 풀어줄 수 없음을 깨닫게 됩니다.

또한 느닷없이 삶에서 공허감과 허무함이 밀려와 마음이 견디기 힘들 때도 있습니다. 이때 많은 사람이 누군가 내 곁에 있어준다면 이런 문제가, 이런 외로움이 해결될 것이라고 생각합니다. 그래서 어떤 사람은 연인을 항상 자신의 곁에 두려고 하고, 언제든 자신이 연락을 하면 달려와야 만족을 합니다.

이런 외로움은 대개 사랑의 감정으로 포장된 채 표현됩니다. 항상 그와 또는 그녀와 떨어지기 싫고 같이 있고 싶다는 감정입니다.

애인이 집에 돌아갈 시간이 되어 헤어지려고 하면 상대방이 자신을 진정으로 사랑하지 않기 때문이라는 생각이 들기도 합니다.

이렇게 누군가를 꼭 자신의 곁에 두고 외로움을 견디려는 것은 결혼생활에서도 반복됩니다. 그러나 결혼해서 한 집에 살더라도 인간이 가진 외로움은 사라지지 않습니다. 그런 외로움을 느끼고 싶지 않고 부정하고 싶어서 배우자가 자신과 모든 것을 함께해야 한다고 생각하는 사람도 많습니다. 또 주말에 배우자가 자신을 남겨두고 혼자 놀러 가거나 친구들과 어울리는 것을 견디지 못하는 사람도 많습니다. 그렇게 하는 것이 자신을 사랑하지 않기 때문이라고 단정짓기 때문입니다.

그렇다면 누군가와 같이 있음으로 해서 외로움이 해결될 수 있을까요?

물론 우리가 인간관계 속에서 즐거움과 행복감을 느끼는 것은 바람직합니다. 그러나 모든 것은 과하면 모자람만 못한 법입니다. 자신의 외로움을 누군가 타인을 통해 해결하려 하고, 모든 행복과 즐거움을 그 사람을 통해 추구한다면 문제가 생기게 됩니다. 인간이 가진 외로움은 사람과의 관계 속에서 어느 정도 완화되고 희석되는 것은 사실입니다. 그러나 본질적으로 자신의 외로움은 자신이 안고 가야 합니다.

우리는 유치원이나 초등학교에 들어가면서 상처를 받기 시작합니다. 이때부터 우리는 아무리 하기 싫어도 내 손으로 많은 걸 해야

당신의 마음을 진단해 드립니다

합니다. 이전에는 힘들고 어렵고 하기 싫은 일은 부모님이 대신 해주었습니다. 그래서 부모와 자신은 하나라고 착각하며 삽니다. 하지만 자신이 해야 할 일이 있다는 걸 알고 나서 부모와 자신은 따로 떨어진 별개의 존재라는 자각을 하게 됩니다. 바로 그런 분리감이 인간을 외롭게 합니다. 내가 홀로 서야 하고, 혼자 해야 하는 일이 있고, 누구도 대신할 수 없는 것이 너무 많다는 사실이 외로움을 더욱 가중합니다.

그리고 친구들과 생기는 소소한 문제들, 공부를 하면서 느끼는 어려움, 선생님께 잘 보이고 싶지만 제대로 자신의 능력이 따라주지 못한다는 열등감도 생길 수 있습니다. 부모님이 해결해줄 수 없는 게 너무나 많다는 사실을 우리는 어린 시절부터 깨닫게 됩니다.

이러한 외로움은 어른이 될수록 점점 커집니다. 물론 외로움에서 벗어나기 위해서 일부러 바쁘게 지내기도 하고, 많은 인간관계에 의지하기도 합니다. 하지만 아무리 사람들 속에 둘러싸여 있어도 외로움은 문득문득 고개를 듭니다.

우리는 누구나 외로움을 느끼기를 원하지 않습니다. 그러나 외로움은 우리 누구나 갖고 가야 하는 타고난 감정입니다. 우리가 기쁨, 슬픔, 즐거움, 분노의 감정을 갖고 있듯이 외로움도 그냥 존재하는 감정입니다. 그래서 외로움을 진정으로 느끼고, 심지어 즐길 수 있다면, 이는 또 다른 축복이기도 합니다. 외로움이야말로 자신이 이 세상에서 유일한 존재라는 것을 깨닫게 해주기 때문입니다. 자신이 가진 독특한 개성과 자신만이 가진 감성, 자신만이 가진 취향을 느낄 수 있게 해주는 것이 외로움이라는 감정입니다.

우리는 외로움을 느낄 때 자신 안에 몰입할 수 있습니다. 외로움을 느낄 수 없다면 우리는 자기 자신을 돌아보지 않습니다. 다른 사람과의 관계에 매몰되어 지낼 것이기 때문입니다. 우리는 사회적인 관계가 너무 많고 그것에 집중하다 보니 자신을 잊어버리고 사는 경우가 많습니다. 그리고 나라는 사람은 타이틀이나 직위 등 외부적인 조건에 의해 규정될 때가 많습니다.

그러나 '나는 누구인가? 내가 다른 사람과 다른 점은 무엇인가?'라는 자신에 대한 본질적인 의문들은 오직 외로움을 통해서만 풀 수 있습니다. 외로움을 느낄 때 우리는 이 세상에 나 혼자라는 자각을 하고 이제까지 실타래처럼 얽히고설킨 대인관계 속의 나에서 벗어날 수 있습니다. 그동안 남을 위해, 남의 기대에 부응하기 위해, 사회가 원하는 사람이 되기 위해, 사회가 정한 틀에 맞추기 위해 살아오느라 잊었던 나를 찾을 수 있는 실마리를 외로움이 찾아줍니다.

다른 사람과 어울리고 거기에 도취되어 지내고 다른 사람의 칭찬에 우쭐해하고 비난에 금방 위축되기만 했던 타인지향적인 삶에서 벗어나게 하는 것도 외로움입니다. 이 세상에 나 혼자라는 절실한 느낌이 들 때 누구의 눈치를 볼 것도 없고 비위를 맞출 필요도 없으며 누구의 기대에 맞춰서 살 필요가 없음을 깨닫게 됩니다.

당신의 마음을 진단해 드립니다

외로움은 외부와 나를 차단해 줍니다. 그리고 깊은 외로움은 본격적으로 내 자신에게 몰입하도록 해줍니다. 내가 누구인지, 내가 무엇을 하고 싶은지, 나는 남과 어떻게 다른지 돌아보게 되는 것입니다.

자신을 돌아보기 위해서는 외로움이 몰려왔을 때 푹 빠질 수 있어야 합니다. 그 외로움의 문을 열고 들어가야 우리는 내 자신 안에 숨겨진 나를 만날 수 있습니다.

우리에게는 외로움의 시간이 인간관계를 맺는 시간만큼 중요합니다. 혼자서 산책을 하거나 짧은 여행을 가거나 남과 같이 했던 일을 혼자 해 보거나 카페에 혼자 앉아 우두커니 창밖을 바라보며 혼자만의 시간을 즐기거나 혼자 영화를 보는 것 등을 통해 외로움은 친구가 되어줍니다.

외로움은 내가 세상에 유일한 존재라는 것을 깨닫게 해주며, 그동안 관계 속에서 지쳤던 나를 쉬게 해줍니다. 그래서 가끔 우리는 혼자 놀기에 빠져들 필요가 있습니다. 그러면 외로움은 남들과 관계를 맺느라 지치고 힘든 우리의 영혼을 달래줍니다.

그러니 외로움을 두려워하지 말고 외로움을 통해 달콤한 위로를 받아보세요.

마음상담소

외로움이야말로 자신이 이 세상에서
유일한 존재라는 것을 깨닫게 해줍니다.
자신이 가진 독특한 개성과 자신만이 가진 감성,
자신만이 가진 취향을 느낄 수 있게 해주는 것이
외로움이라는 감정입니다.
외로움의 문을 열고 들어가야 우리는 내 자신 안에
숨겨진 나를 만날 수 있습니다.

잠이 많아서 걱정이신가요?

'일찍 일어나는 새가 벌레를 잡아먹는다.' '졸린 여우는 아침거리를 찾아내기 어렵다.' '죽어서 묻히면 잠 잘 시간은 얼마든지 있다.' '아침 내내 잠을 잔 사람은 오후에는 거지 노릇으로 끝을 맺게 된다.'

모두 잠과 관련된 서양 속담들로, 잠을 많이 자는 것이 문제가 있다는 내용입니다. 우리나라도 대입 수험생들에게 4당 5락이라는 말이 유행한 적이 있습니다. 네 시간 자면 대학에 합격하고 다섯 시간 자면 떨어진다는 말입니다. 동서양을 막론하고 공통적으로 잠이 많은 사람은 게으르고 나태하며 성공하지 못할 거라고 암시하고 있습니다.

우리는 그동안 잠을 너무 무시하고 살아왔습니다. 내용을 한번 살펴보죠.

사회에서 살아남기 위해서는 해야 할 일이 너무나 많습니다. 기본적으로 건강을 유지하기 위해 운동 한 가지 정도는 해야 합니다. 그리고 자기 계발을 위해 무언가를 공부해야 합니다. 이직을 원하는 사람들은 따로 학원에 다니며 자격증 시험에 대비하기도 합니다. 그렇다면 사람들이 제일 먼저 하는 일은 무엇일까요? 꽉 짜인 하루 일정에서 뭔가를 줄여야 합니다. "아하, 잠을 줄이면 되겠군."

만약 여덟 시간 잠을 자던 사람이라면 여섯 시간으로 줄이면 하루 두 시간이고, 한 달이면 60시간, 1년이면 720시간이니 거의 한 달을 남보다 더 사는 것입니다. 그것이 10년 모이면 거의 남보다 10달을 더 벌 수 있습니다. 이렇게 하루 두 시간만 잠을 줄이면 남보다 인생을 더 많이 살 수 있습니다. 게다가 성공한 사람들은 거의 대부분 잠을 줄이거나 아예 밤을 새면서 일을 했다고 하며 잠을 줄이라고 강조합니다.

하지만 잠은 줄이려고 해도 잘 줄여지지 않습니다. 잠이 좀 줄어들었다 싶다가도 다시 원상태가 됩니다. 그런데 인류가 잠을 제일 쓸모없는 시간이라 여겨 툭툭 떼어 다른 곳에 쓰자 그에 대한 대가를 치르게 되었습니다.

진화론적으로 인류의 모습을 갖춘 유인원이 출현한 것이 200만 년 전의 일입니다. 그 200만 년 동안 인류는 열 시간 이상 수면을 취하고 살았습니다. 하지만 100년 전 에디슨이 전구를 발명하면서 인류는 갑자기 수면을 줄이기 시작했습니다. 그래서 인류는 잠 빚에 허덕입니다. 하루 열 시간을 자는 사람이 한 시간을 줄이면, 한 시간의 잠 빚을 집니다. 그것이 1주일 동안 모이면 일곱 시간의 잠 빚이 생기고 결국 하룻밤을 샌 것과 같은 영향을 줍니다. 그렇게 되면 눈이 가렵고 따가우며 시야가 흐려집니다. 오한이 생기고 피로와 졸음이 몰려옵니다. 그리고 기분이 처지게 됩니다.

잠 빚이 더 늘어나면 사람들은 재미있는 일이 전혀 재미없게 느껴지고 평소의 활달함과 쾌활함이 없어집니다. 강제로 잠을 못 자게 하면 환각현상이 일어나고 자신이 어디에 있는지조차 모르며 판단력이 흐려지기까지 합니다. 심하면 사망에 이릅니다.

인류에게 커다란 재앙이었던 체르노빌 원전사고, 스리마일섬의 사고, 엑슨 발데즈호의 치명적인 알래스카 기름 유출사고, 우주선 챌린저호의 폭발 사고 등은 관련자들의 수면 부족이 큰 사고를 일으킨 원인 중의 하나로 지목되었습니다.

우리나라도 한때 에너지 절약을 목적으로 서머타임을 실시한 적이 있습니다. 저는 그 기간 동안 나른하고 몸의 컨디션이 좋지 않았습니다. 한 연구에 따르면 서머타임을 도입해서 잠을 한 시간 줄인 결과 사망사고율이 6퍼센트 정도 올랐다고 합니다.

잠의 효능에 대해 정확하게 밝혀진 것은 그다지 많지 않지만, 잠은 생명 유지에 필수적이라는 사실은 분명합니다. 병에 걸리거나 감염이 되면 매우 졸리고 잠이 더 많이 오는데 의학적인 이유는 신체의 신진대사를 느리게 해서 신체의 에너지를 아껴 외부에서 침입한 균에 대항하기 위한 것입니다.

잠을 자면 면역체계가 활발해집니다. 잠을 오랫동안 자지 못하게 한 쥐의 실험을 보면 쥐들은 모두 감염으로 죽었습니다. 독일의 한 건강 관련 잡지는 충분한 수면을 취하는 것이 운동을 매일 하는 것보다 건강에 더 좋다고 밝힌 바 있습니다.

인류는 100년을 빼고 200만 년의 진화과정에서 잠을 열 시간 이상 잤습니다. 인류는 지나친 경쟁과 과학기술의 발달로 무리하게 잠을 줄이는 것에 분명 적응하지 못하고 있습니다. 그래서 전문가들은 하루 8~10시간 정도의 수면을 권장하고 있습니다.

이렇게 충분히 잠을 자야 효율적으로 자신의 일을 할 수 있습니다. 잠을 줄여 잠 빚이 쌓이면 우리는 의욕을 잃고 집중력도 떨어지며, 능률도 오르지 않게 됩니다. 그래서 매년 수능이나 대학입시에서 수석을 차지한 사람들의 인터뷰를 보면 똑같은 말을 하는 것을 볼 수 있습니다.

"학교 공부를 열심히 하고 잠을 충분히 잤어요."

사람들은 이 말에 의심을 품지만, 사실 그들은 잠을 충분히 자서 항상 활기찰 수 있었고 컨디션을 제대로 유지해 남보다 짧은 시간 동안 더 집중적으로 공부를 할 수 있었던 것입니다.

아침에 일찍 일어나 그 시간을 활용하는 삶은 바람직하지만, 문제는 그것은 개인마다 달라서 아침잠이 적은 사람이 있고, 많은 사람도 있습니다. 또한 4~5시간 수면을 취해도 문제없는 사람이 있는 반면 7~8시간을 자도 수면이 모자란 사람도 있습니다. 이는 자신이 타고난 체질의 문제이므로 잠을 줄이고 아침 일찍 일어나야 한다는 것이 모두에게 맞는 말은 아닙니다. 잘못하면 건강문제, 작업장에서의 사고, 운전 중에 수면 부족으로 생기는 안전사고 등을 초래할 수도 있습니다. 그래서 수면 시간은 자신의 체질에 맞게 취해야 합니다.

그래서 잠을 줄일 수 있다고 기뻐할 필요도 없으며, 잠이 많다고 걱정할 필요도 없습니다. 잠을 많이 자는 사람은 건강하고 항상 활력에 차 있을 것입니다. 반면 잠을 줄이면 체질에 따라 건강이 나빠지거나 업무의 효율이 떨어지고 항상 우울감에서 벗어나기 어려운 문제가 생길 수도 있습니다.

잠이 많은 것은 결코 나태함이나 게으름의 표상이 아닙니다. 도리어 잠을 지나치게 줄이는 것은 자신의 건강과 성취를 맞바꾸는 위험한 도박일 수도 있습니다. 그러니 자신의 체질에 맞게 잠을 유지하는 것이 중요합니다. 몸의 컨디션이 좋아야 공부나 일이 잘 되는 것은 당연하므로 자신에게 맞는 수면 시간과 패턴을 유지하는 것이 건강과 능률 두 가지를 함께 잡는 가장 좋은 방법입니다.

마음상담소

잠은 생명 유지와 면역을 위해 필수적입니다.
사람마다 체질이 다르므로 자신에게 맞는
수면 시간과 패턴을 유지하는 것이 가장 중요합니다.
충분한 잠은 오히려 건강을 유지하고 일의 능률을 올려주므로
잠이 많다고 걱정할 필요는 없습니다.

시기와 질투심은
부도덕한 감정이 아닙니다

영화 〈세븐〉을 보면 단테의 신곡에 나오는 일곱 가지 악행을 저지른 사람들을 연쇄 살인하는 범인이 등장합니다. 범인은 악행을 저지르는 사람들을 잔혹하게 한 명씩 처단하는데, 그 일곱 가지 악행이란 탐식, 탐욕, 나태, 음란, 교만, 분노, 시기를 말합니다.

우리나라도 예전에 아내를 내쫓을 수 있는 이유인 일곱 가지 허물을 칠거지악(七去之惡)이라고 했는데, 그중 하나가 투기(妬忌, 질투)인 것을 보면 동서양 모두 시기와 질투를 죄악시하는 것은 비슷하다고 볼 수 있습니다. 그래서 사람들은 시기나 질투의 감정이 일어나면 부끄럽게 생각하고 애써 감추려 합니다. 시기와 질투는 아주 유치하고 부도덕한 감정이라고 여기기 때문입니다.

우선 우리는 시기와 질투라는 감정을 구분할 필요가 있습니다. 시기나 질투는 겉으로는 비슷해 보이지만 차이가 있습니다. '시기'란 다른 사람의 능력, 재산 등을 갖지 못했을 때 느끼는 감정을 말합니다. 아주 아름다운 여성 A가 있다고 해 보죠. A보다 외모가 떨어진다고 생각하는 B가 있다면, B는 A의 미모에 대해 시기심을 가질 수 있습니다. 그러면 B는 '얼굴이 저렇게 생겼으니 머릿속은 텅 비었을 거야'라는 식으로 A를 깎아내립니다. '사촌이 땅을 사면 배가 아프다', '남의 떡이 더 커 보인다'도 같은 맥락에서 나온 말로 볼 수 있습니다.

'질투'는 기본적으로 삼각관계에서 형성됩니다. 나와 친한 사람이 다른 사람이나 대상에게 관심을 더 가져서 나와의 관계가 멀어질 것 같을 때 드는 감정입니다. 흔히 연인 사이에 새로운 이성이 나타나 자신의 애인이 관심을 보일 때 느끼는 감정입니다. 그렇다고 질투가 항상 연인 사이에만 존재하는 것이 아니라 가족이나 친구, 지인들과의 관계에서도 나타나는 감정입니다. 나를 인정해주던 상사가 갑자기 신입사원에게 관심을 더 쏟는다면 질투라는 감정이 생기기 마련입니다. 또한 질투는 무생물이나 동물에게도 느낄 수 있습니다. 남편이 낚시에 빠져 아내에 대한 관심이 적어진다면 아내는 낚시를 생각할 때마다 질투심을 느낄 수 있습니다. 또 아내가 새로 키우기 시작한 강아지에게 지나치게 애정을 보일 경우 남편은 강아지에게 질투심을 느낄 수 있습니다.

당신의 마음을 진단해 드립니다

시기와 질투의 차이점은 '시기'는 다른 사람의 것을 갖지 못할 때 생기는 것이고, '질투'는 자신이 맺고 있는 친밀한 관계가 어떤 대상으로 인해 위협받을 때 발생한다는 것입니다.

로마제국의 절정기 시대를 무대로 하는 영화 〈글래디에이터〉에는 중복되는 질투 관계가 존재합니다. 황제의 아들인 코모두스는 아버지인 마르쿠스 아우렐리우스 황제의 인정을 받지 못합니다. 막시무스 장군과 아우렐리우스 황제, 코모두스 관계에서 코모두스는 아버지의 사랑을 받고 싶지만 그 사이에 막시무스가 끼어들어 아버지의 사랑을 독차지하자 질투를 느낍니다.

또한 막시무스와 누이인 루실라, 그리고 코모두스의 관계에서도 질투가 존재합니다. 코모두스가 사랑하는 누이가 막시무스를 사랑하기 때문입니다. 사실 루실라는 코모두스에게 누이이면서 어머니와 같은 존재입니다. 더욱이 코모두스는 누이에게 근친상간적인 연정을 품고 있습니다.

코모두스는 이런 중복되는 관계에서 계속 질투와 시기를 느끼게 되고, 그 대상인 막시무스를 제거해 자신이 권력의 중심에 들어가려 합니다. 그는 막시무스의 외모, 용맹, 전쟁터에서 발휘하는 지휘 능력 모든 것을 부러워합니다. 마침내 그는 이런 질투와 시기에 휩쓸려 이성을 잃고 아버지까지 죽이고 맙니다. 그는 자신이 도저히 막시무스보다 나아질 수 없다는 걸 알기에 아버지의 사랑을 뺏기느니 아버지를 죽이는 길을 선택합니다.

만약 시기와 질투라는 감정이 아주 희귀하고 특정한 사람에게만 가끔 생긴다면 아마도 동서양을 막론하고 그것을 경계하지는 않았을 것입니다. 그러나 그것은 보편적이고 본능적인 인간의 감정이기에 수많은 이야기와 교훈을 통해 경계하도록 했습니다.

재미있는 사실은 단테의 〈신곡〉에서 탐식, 탐욕, 나태, 음란, 교만, 분노, 시기가 일곱 가지 악행으로 등장하는데, 인간은 이 모든 유혹을 뿌리치지 못하고 누구나 쉽게 빠져드는 행동이나 감정이라는 점을 볼 수 있습니다.

이처럼 인류는 시기와 질투를 예로부터 부정적으로 보고 있지만, 사실 긍정적인 측면도 있습니다. 아리스토텔레스는 '시기'라는 감정을 인간이 갖고 있는 원초적인 감정이라고 생각했고, 좋은 시기심을 '선의의 경쟁'으로 보았습니다.

사람이 보다 발전하는 데는 시기심이 일종의 자극제가 되기도 합니다. '저 사람이 가진 좋은 직업을 나도 가졌으면…' 등등의 시기심이 생기면, 자신도 그렇게 되고자 노력하고 분발하게 됩니다. 시기심은 어떤 사람에게 동기를 부여하고, 그 사람을 분발하게 하는 촉매제 역할을 하는 것입니다. 그런 과정을 통해 선의의 경쟁을 하기도 하며, 자신을 계발하기 위해 애쓰기도 합니다.

또 질투라는 감정에 대해 저급하고, 불합리하며, 열등감이 많은 사람들이 갖는 개인적인 결함으로 생각하는 경우도 많습니다. 하지만 질투는 인간이 맺고 있는 중요한 관계(연인, 가족, 친구 등)를 유지

당신의 마음을 진단해 드립니다

시켜주는 기능을 하고 있습니다. 사람들은 배우자, 친구, 직장 동료가 다른 사람에게 관심을 갖거나 자신과 멀어지는 것을 두려워하면 더욱더 자신의 인간관계를 공고히 하려고 관심을 가지기 때문입니다. 만일 아내가 예전에 만났던 남자친구를 다시 만나도 아무런 질투심을 느끼지 않는 남편이 있다면, 이는 아내에 대한 관심이 없는 것으로 볼 수 있습니다.

이처럼 시기와 질투는 한편으로 자기 발전이나 인간관계를 단단하게 해주는 디딤돌로 작용하기도 합니다.

우리가 한쪽 면만을 강조하다 보면 그것이 지나친 단점으로 보일 수 있지만 사실 모든 것에는 양면성이 있는 법입니다. 시기와 질투가 날카로운 면을 가지고 있지만, 그 뒤에 숨어 있는 인간의 자기계발 노력과 다른 사람에 대한 애착본능은 매우 긍정적이라는 것을 잊지 말아야 합니다. 또한 시기와 질투는 나에게만 있는 부정적인 감정이 아니라 인간이라면 누구나 느끼는, 자신의 영역을 넓히고 자신의 영역을 지키고 싶어 하는 본능적인 감정입니다. 그래서 그런 감정이 들었다고 해서 내가 속이 좁고 부도덕한 인간이 아닌지 자책하지 말고, 그것을 자기 발전의 디딤돌로 삼으면 됩니다.

우리에게는 내면에 일곱 가지 악한 감정이 모두 존재하고 있습니다. 하지만 진화하는 과정에서 인간만이 깨달은 것이 있습니다. 서로가 서로를 돕지 않으면 혼자서는 살아남을 수 없다는 점입니다. 그래서 인간만이 이런 좋지 않은 감정을 가지고 있으면서도 다르 사람과 협력하고 사랑하고 보듬으며 살아갈 수 있는 것입니다.

우리는 자신 안에 존재하는 안 좋은 점을 인정하는 것이 필요합니다. 그렇게 되면 그런 감정에 휘둘리지 않을 수 있습니다. 하지만 그런 감정을 내치고 없애려 하면 오히려 그것에 휩쓸리고 빠져들어 불행해지게 됩니다. 그래서 내 안에는 시기와 질투라는 감정도 분명히 존재함을 인정하고 그것과 함께 걸어가야 합니다.

당신의 마음을 진단해 드립니다

마음상담소

우리에게는 내면에
탐식, 탐욕, 나태, 음란, 교만, 분노, 시기의
일곱 가지 악한 감정이 모두 존재하고 있습니다.
하지만 진화하는 과정에서 인간만이 깨달은 것이 있습니다.
서로가 서로를 돕지 않으면 혼자서는
살아남을 수 없다는 점입니다.
그래서 인간만이 이런 감정을 가지고 있으면서도
다른 사람과 협력하고 사랑하고 보듬으며
살아갈 수 있는 것입니다.

이유 없이 싫은 사람이 있지 않으신가요?

한번은 다음과 같은 상담자를 만났습니다. 그는 40대의 중년 남성으로 아내가 지나치게 절약하며 사는 것이 너무 싫다고 했습니다. 이제는 여유롭게 살 만한데도 왜 그러는지 도대체 이해할 수 없고, 그런 아내의 모습을 볼 때마다 화가 치밀어 견딜 수 없다고 했습니다. 퇴근 후 현관문을 열고 들어가면 집이 온통 컴컴한데 사람이 있음에도 전기료가 아까워 불을 켜지 않고 있다는 것입니다. 그뿐만 아니라 아내는 관절이 아프다고 호소하면서도 세탁기는 사용하지 않고 손빨래만을 고집한다고 했습니다.

 이 남성은 아내의 검소한 성격은 그냥 웃어넘길 수 있는 것인데 왜 그렇게 화가 나는지 고민이 된다면서 다른 사람들은 상관하지 않는데 자신만 아내를 너무 미워하는 것이라면 자신에게 문제가 있는 것은 아닌지 상담하기를 원했습니다.

우리는 살아가면서 어떤 사람이 나에게 특별히 해를 끼치지 않는데도 이상하게 싫고 미운 경우가 종종 있습니다. 그렇다면 그 사람의 무엇이 나의 신경을 긁는 것일까요? 그 사람의 어떤 점이 나를 자극하는 것일까요?

그것은 바로 자신 안에 존재하는 그림자 때문입니다. 내가 버리고 싶고 받아들이기 싫은 속성들을 우리는 의식의 밑바닥에 가라앉히고 자신은 그렇지 않다고 생각하는 경우가 많습니다. 이렇게 가라앉은 속성은 그림자가 되어 존재합니다. 그래서 자신은 이런 속성을 갖고 있지 않다고 여기지만 어떤 사람의 행동에서 자신의 숨기고 싶은 속성을 발견하면 그 사람을 싫어하고 미워하게 되는 것입니다.

위의 사례의 경우, 아내의 검소함이 왜 그렇게 그의 심기를 건드렸는지는 그의 과거 이야기에서 드러납니다. 그는 어린 시절 너무 어렵게 자랐기 때문에 자신은 어른이 되면 절대로 옹색하게 살지 않겠다고 결심했으며 아울러 과시욕도 갖게 되었습니다. 세월이 흘러 그는 소원대로 사업이 성공해서 부유한 삶을 살게 되었지만 매우 알뜰한 아내의 행동을 통해 바로 자신이 잊고 싶은 어린 시절이 떠올랐던 것입니다. 그래서 아내를 보면 그토록 화가 치밀었던 것입니다.

또한 상담 결과 이 남성은 공황장애가 있었습니다. 공황장애란 인체를 보호하기 위해 일어나는 일종의 투쟁·도피 반응으로 응급 반응의 일종입니다. 실제 위험 대상이 없는데도 일어나는 것으로, 죽거나 미치거나 자제력을 잃을 것 같은 공포감이 동반될 수도 있습니다. 특히 공황장애 환자 중에는 어두운 것을 싫어하는 경우가 많아서 이 남성의 경우 아내가 불을 끄는 것이 너무나 싫었던 것입니다.

우리는 자신이 받아들이고 싶지 않은 성격이나 과거의 기억을 이처럼 주변의 사람들에게서 발견할 때 과도하게 흥분하고, 화가 치밀게 됩니다.

영화 〈이보다 더 좋을 순 없다〉에는 주변의 모든 사람을 이유 없이 미워하는 주인공이 등장합니다. 멜빈 유달은 강박증 환자로, 자신 안에 존재하는 더러움, 무질서, 지저분한 모습을 받아들이지 못합니다. 그래서 식당에 가서도 다른 사람이 썼던 포크와 나이프는 절대 사용하지 않고 샤워도 서너 시간씩 하면서 자신을 깨끗한 사람이라고 여깁니다. 그러면서 주변사람들은 개나 키우며 사는 지저분한 게이이거나 감정에 흔들리는 불쌍한 인간들이라고 비하합니다. 그는 해결하지 못한 자신의 그림자를 주변 사람들에게서 발견하고 비난을 해대는 것입니다.

하지만 그렇게 싫어하던 앞집 사는 게이 화가인 사이먼 비숍이 강도를 당해 병원에 입원하자 그의 강아지를 돌봐줄 사람이 아무

당신의 마음을 진단해 드립니다

도 없어 주변 사람의 강압에 못 이겨 강아지를 떠맡게 됩니다. 털이 날리고 여기저기 대소변이나 보는 강아지를 키운다는 것은 유달에게는 너무나 끔찍한 일입니다. 그러나 며칠 강아지를 돌보면서 강아지가 자신을 따르는 모습을 보고 그의 마음의 문이 열리기 시작합니다.

남의 일에 간섭하고 참견하기 싫어하는 유달은 유일하게 자신의 시중을 들어주던 식당의 여종업원인 캐롤 코넬리의 아이를 위해 의사까지 소개하는 친절을 보입니다. 게다가 파산 상태에 이른 사이먼 비숍을 돕기 위해 캐롤 코넬리와 동승해 자동차 여행을 떠납니다. 그 과정에서 지독한 여성 비하론자였던 유달은 캐롤 코넬리를 사랑하게 됩니다.

폐쇄적이고 완고하며 더러운 것을 참지 못하고 게이를 증오하던 유달의 마음이 열리기 시작한 것은 자신이 가장 싫어하던 강아지를 자신의 집 안으로 들인 때부터입니다. 냉랭하고 삭막하기만 하던 그의 마음이 풀리고, 인생의 행복감을 느낀 것은 바로 그가 미워하고 싫어하던 존재와의 접촉으로 시작되었습니다.

영화 초반에 나타나는 유달의 행동은 다소 지나쳐 보이지만 근저로 내려가 보면 우리와 다를 바가 없습니다. 일례로 직장 생활을 하는 사람들에게 설문조사를 해 보면 제일 힘든 것이 일이 많고 힘든 것보다 대인 관계라고 합니다. 유독 안 맞고 거슬리는 직장 동료나 상사는 꼭 존재하기 때문입니다. 따라서 직장 생활을 하면서 자신의 심기를 건드리는 사람이 있다면, 사실은 그 사람의 속성이 자신 안에 존재하며, 그것을 억압하지 않았나 살펴볼 필요가 있습니다. 사실 이런 억압된 그림자는 나의 삶을 풍성하게 해주는 경우가 많습니다.

위에서 사례로 든 남성의 경우 어린 시절의 가난이 오히려 그를 성공으로 이끈 원동력이 되었습니다. 검소함과 절약 정신이 사업을 성공으로 이끌었기 때문입니다. 또한 영화 속 유달도 더럽고 지저분하다고만 여겼던 강아지를 받아들이면서 발전적인 인간관계로 나아가게 됩니다.

만약 이유 없이 어떤 사람이 밉다면 자책할 필요는 없습니다. 누구나 자신이 가진 약점을 보고 싶어 하지 않기에 그러한 약점을 가진 누군가를 미워하는 것입니다. 도리어 이유 없이 미운 사람을 통해 우리는 그동안 보살피지 않고 버려두었던 자신의 속성―자신은 약점이라고 생각하지만 실제로는 자신의 다양한 모습 중 하나이며, 발전의 원동력이 될 수 있는―을 계발할 수 있는 기회를 얻게됩니다.

그래서 어떤 사람이 이유 없이 밉다면 그 사람의 어떤 점이 내자신 안에 존재하고 있지 않은지 살펴본다면 우리는 더 풍성한 삶을 살 수 있습니다. 그리고 내가 꼭꼭 숨겨두느라 정신적인 에너지를 소진했던 것에서 벗어나 자유로워질 수 있습니다.

　　　　　당신의 마음을 진단해 드립니다

마음상담소

어떤 사람이 이유 없이 밉다면 그 사람의 어떤 점이
내 자신 안에 존재하고 있지 않은지 살펴보세요.
그것은 바로 자신 안에 존재하는
그림자 때문일 수 있습니다.
내가 버리고 싶고 받아들이기 싫은 속성들을
우리는 의식의 밑바닥에 가라앉히고
자신은 그렇지 않다고 생각하는 경우가 많습니다.
그리고 그 그림자를 발견하게 되면
그것을 극복해 발전의 원동력으로 삼아 보세요.

상실감으로 나를 버려둔 적이 있으신가요?

한번은 비가 많이 오는 날 예약도 하지 않은 여성분이 진료실을 찾아왔습니다. 비를 흠뻑 맞은 그 여성은 무척 괴로운 표정으로 "정말 내가 이상한 여자인지 알고 싶어요"라며 막무가내로 들어섰습니다. 그녀의 사연을 들어보니 이러했습니다.

그녀는 여섯 달 전 교통사고로 남편을 잃었습니다. 남편과 함께 보낸 시간은 연애 기간을 포함해서 3년 남짓으로, 사고가 나던 날 남편은 자신의 죽음을 직감했던지 길고 긴 포옹을 하고 집을 나섰다고 합니다. 그렇게 허무하게 갈 것을 왜 그에게 사랑한다는 말을 더 많이 못했는지, 왜 그렇게 짜증만 냈었는지 너무 후회스럽다고 흐느껴 울었습니다. 그녀는 남편을 잃고 갓 돌을 넘긴 아이와 앞길

당신의 마음을 진단해 드립니다

을 헤쳐나가야 하는 상황이었습니다.

그녀는 진료실에 오기 며칠 전 오랜만에 친구들을 만나게 되어 일부러 가장 좋아하는 밝은 색 옷을 입고, 화장도 예쁘게 하고 나갔다고 합니다. 친구들에게 돌이 넘은 아이를 혼자 키우려면 다시 직장 생활을 시작해야 하고, 그러려면 외모도 가꾸어야 할 것 같아 경황은 없지만 운동도 시작할 거라고 말했다고 합니다. 그런데 친구들이 이상한 눈빛으로 쳐다보며 어떻게 벌써 그럴 수 있냐며 냉정한 사람 취급을 했다는 것입니다.

그러나 그녀는 죽은 남편을 쉽게 잊어서가 아니라 그 사람의 분신인 아이와 자신이 잘 살아가는 것이 남편이 진정 원하는 모습일 것이라고 생각했기에 그렇게 행동한 것이라고 말했습니다. 남편이 차지한 자리가 워낙 컸지만 씩씩하게 살아보려고 하며, 이제는 일상으로 돌아와야 된다는 생각에 텔레비전에서 코미디 프로그램을 볼 때면 간간이 웃음도 나온다고 토로했습니다. 그리고 남편의 물건을 보면 자신이 더 약해질 것만 같아서 남편을 떠올릴 수 있는 물건들은 모두 버렸다고 했습니다.

그렇다면 과연 이 여성은 친구들이 말하듯이 남편의 죽음도 쉽게 잊는 냉정한 사람이라고 할 수 있을까요?

누구나 사랑하는 사람과 영원한 이별을 하게 되면 당연히 슬픔에 휩싸입니다. 이런 슬픔은 사람에 따라 오래가기도 하고 짧게 끝나기도 합니다. 하지만 대부분의 사람들은 이런 슬픔을 잊는 데 시간이 매우 오래 걸립니다. 심지어 그 상실감을 극복하지 못해 따라서 죽음을 택하는 사람들도 있습니다.

또 이미 오래전에 남편이 사망했는데도 일부러 어두운 색의 옷을 입고 살고, 또 사람들을 만나는 것을 꺼리는 사람들도 있습니다. 그 이유는 사랑하는 사람이 죽었는데 내가 화려한 옷을 입고 웃고 즐긴다는 것이 말도 안 된다고 생각하기 때문입니다. 그리고 일부러 고립을 선택해 죽은 사람만을 떠올리며 살아갑니다. 사람들과 만나지 않으니 인간관계는 점점 멀어지고, 그러다 보니 죽은 사람에 대한 추억만 더할 뿐입니다. 이런 상태가 계속되면 결국에는 외로움에 짓눌려 우울증에 걸리는 경우가 많습니다.

왜 우리는 사랑하는 사람이 죽으면 모든 일상에서 즐거움을 누리면 안 된다고 생각하는 것일까요? 그것은 죽은 사람에 대한 죄책감 때문입니다. 그 사람은 죽었는데 내가 이렇게 즐겁게 지내면 안 된다고 생각하기 때문입니다.

이때 관점을 바꿔서 생각해보면 어떨까요? 만약 내가 죽는다고 가정한다면 남아 있는 사람에게 무엇을 당부하고 싶을까요? 아마도 이렇게 말할 것입니다.

"내 생각하지 말고, 나에게 연연하지 말고, 맛있는 것 많이 먹고, 좋은 데도 돌아다니고, 즐겁고 행복하게 살았으면 좋겠어요."

이것이 고인의 바람임에도 사람들은 죽은 사람에 대한 예의라고 생각해서 자신의 인생에서 애써 즐거움을 없애버리려 합니다. 그리

당신의 마음을 진단해 드립니다

고 사랑하는 사람을 잃고 빨리 일상으로 돌아온 사람에 대해 "죽은 지 얼마나 됐다고 저렇게 돌아다니나, 죽은 사람만 불쌍하지"라고 비난하는 경우도 있습니다. 그러나 그런 사람은 죽은 사람을 자신의 마음속에서 빨리 떠나보낸 건강한 정신을 가진 사람이라고 할 수 있습니다.

죽은 사람은 빨리 이 세상을 떠나고 싶어 합니다. 하지만 살아 있는 사람이 죽은 사람을 마음속에 품은 채 그리워하고 슬퍼하느라 죽은 자를 풀어주지 않습니다. 또한 죽은 사람에게 심하게 의지하고, 잘못된 일이 생기면 더욱 죽은 사람을 그리워하며 세월을 보내는 경우도 많습니다. 그러나 산 자와 죽은 자는 엄연히 길이 다르다는 것을 알아야 합니다.

영화 〈편지〉는 아름다운 러브스토리이지만 현실적으로 따져보면 죽은 환유의 행동은 바람직하지 않습니다. 정인과 환유는 우연히 만나 동화 속 주인공처럼 사랑을 하고, 전원에 신혼집을 마련합니다. 하지만 결혼한 지 한 달도 안 돼 환유가 악성 뇌종양이라는 진단을 받습니다. 그 이후로 그들의 행복은 내리막으로 치닫게 되고, 젊은 아내를 두고 죽음의 길로 떠나야 하는 환유의 마음은 고통스럽기만 합니다.

환유는 힘든 투병 끝에 죽게 되고 남은 정인은 실의의 나날을 보냅니다. 그녀는 우울증에 빠져 남편을 따라 죽을 생각까지 합니다. 이때 죽었다고 생각했던 남편에게서 편지가 오기 시작합니다. 정인은 혹시 남편이 살아 있지 않을까 하는 기대감을 갖게 되고 그녀는 남편의 편지를 기다리는 게 일상이 됩니다. 하지만 이 편지는 환유가 죽기 전 지인에게 맡긴 것입니다.

〈편지〉에서 불치병으로 죽은 남편은 아내를 생각해서 편지를 남겼지만, 결과적으로는 아내가 남편을 잊고 빨리 일상으로 돌아오는 것을 방해한 것입니다. 잊을 만하면 편지가 오니 남은 사람은 죽은 사람에 대한 그리움으로 행복하게 살아갈 수 없을 것입니다.

환유는 자신의 죽음을 앞두고 자신을 화장하라는 유언을 남깁니다. 매장하게 되면 사랑하는 아내가 자신을 잊지 못할 거라고 생각했기 때문입니다. 그렇다면 환유는 모순된 행동을 한 것입니다. 아내가 자신을 잊고 새 출발하게 하려면, 자신을 생각나게 하는 편지도 보내지 말았어야 합니다.

죽은 자는 죽은 자의 세계에서만 지내야 합니다. 살아 있는 사람에게 어떤 간섭도 해서는 안 되며, 살아 있는 사람도 죽은 자를 빨리 잊어야 죽은 자가 저세상으로 쉽게 갈 수 있습니다. 만약 죽은 자를 잊지 못해 계속 그리워한다면 죽은 자는 이승을 떠돌고, 산 자와 죽은 자 모두 안 좋은 결과를 초래하고 맙니다. 또한 남편이 죽었다고 따라 죽으려는 정인의 행동도 바람직하지 않습니다. 너무 사랑했다면 따라 죽을 수도 있지 않나 라고 생각할 수도 있지만, 진정으로 사랑했다면 오히려 더 열심히 살아야 합니다. 그것이 나를 사랑했던 고인이 진정 바라는 것이기 때문입니다.

사랑하는 사람이 죽은 후에 자신의 슬픔을 실컷 토해낸 사람은 죽은 사람을 빨리 잊을 수 있습니다. 그러나 마음속에 담긴 슬픔을 다 분출하지 못하면 쉽게 일상으로 돌아오지 못합니다. 사랑하는 사람이 죽었을 때에는 통곡을 하며 뒹굴어도 되고, 며칠을 울어도 상관이 없습니다. 내 안에 담긴 슬픔을 모두 토해내야 하며 그런 사람만이 빨리 일상으로 돌아올 수 있습니다. 남들 앞에서 체면 때문에 그렇게 울지 못하는 사람도 있습니다. 그러나 울어야 할 때 제대로 울지 못하면 가슴속에 남겨둔 슬픔이 만성화되어 빨리 일상으로 돌아가지 못합니다.

사랑하는 사람을 잃고도 잘 지내는 '나'는 잘못된 것이 아닙니다. 건강한 삶을 위해서는 다소 뻔뻔하게 죽은 사람을 잊고 그 사람이 이 세상에 전혀 존재하지 않았던 것처럼 생각하며 살아보는 것도 방법입니다. 그래도 생각나면 실컷 울고 실컷 슬퍼해야 합니다. 그리고 다음 날에는 잘 차려입고 외출을 하는 겁니다. 친구도 만나고, 영화도 보고, 자꾸 현실에 발을 붙이려 노력해야 합니다. 그러면 고인은 죽어서도 흐뭇한 마음으로 세상일은 다 잊고 떠날 수 있습니다. 그것이 자신을 위로하고 죽은 사람을 위로하는 길입니다.

마음상담소

사랑하는 사람이 죽은 후에 마음속에 담긴 슬픔을
다 분출하지 못하면 쉽게 일상으로 돌아오지 못합니다.
내 안에 담긴 슬픔을 모두 토해내야 하며
그렇게 해야 빨리 일상으로 돌아올 수 있습니다.
울어야 할 때 제대로 울지 못하면 가슴속에 남겨둔
슬픔이 만성화되어 빨리 일상으로 돌아가지 못합니다.

실연으로 우울증에 빠져 계신가요?

우리 삶에서 사랑만큼 큰 이벤트도 없을 것입니다. 사랑에 빠지면 누구나 그 순간에는 세상이 달라 보이고 행복감이 마음을 사로잡으며 그 사랑이 영원하기를 바랍니다. 그러나 많은 사랑이 시간이 지나면서 점차 식어가고 또 이별을 맞이하게 됩니다. 이때 이별을 당한 쪽은 큰 상처를 받게 되고 사랑이 식은 쪽도 상처를 받는 경우가 많습니다. 왜 자신의 사랑이 식었는지 자신도 잘 알지 못하며 사랑했던 사람과의 이별은 누구에게도 쉬운 일이 아니기 때문입니다.

　영화 〈봄날은 간다〉의 대사로 유명한 "사랑이 어떻게 변하니…"라는 말은 사랑의 속성을 인정하지 못해 괴로운 마음을 잘 표현하고 있습니다.

소리를 채집하러 다니는 사운드 엔지니어인 상우는 어느 겨울 강릉 방송국 라디오 PD인 은수를 만납니다. 둘은 소리를 채집하기 위해 동행하는 일이 많아지면서 자연스럽게 사랑이 싹트고, 상우가 강릉에 내려오면 은수의 집에서 머무는 사이로 발전합니다. 하지만 둘이 처음 만난 이후로 겨울이 지나고 봄이 오고 여름이 지나면서 은수의 태도가 달라지기 시작하더니 느닷없이 은수는 상우에게 한 달 동안 만나지 말자고 합니다. 상우는 하는 수 없이 집으로 돌아가게 되고, 결국 상우는 은수에게 새로운 남자가 생겼음을 알게 됩니다.

"나 사랑해? 사랑이 어떻게 변하니…"

상우는 변해버린 은수에게 이런 말을 던지고 쓸쓸히 돌아설 수밖에 없습니다. 은수의 사랑은 1년을 넘기지 못하고 식습니다. 은수는 상우에 비해 더 현실적인 인물로, 상우의 지나치게 순수한 면이 그녀의 조금은 닳고 닳은 부분과 맞지 않았는지도 모릅니다.

덧없이 흘러가는 세월처럼 사랑도 흘려보내야 할 때가 있습니다. 만약 지나치게 붙잡으려고 하면 그것은 이미 사랑이 아니고 집착으로 변하게 됩니다. 상우는 은수의 사랑을 붙잡기 위해 떼를 써보고 치기도 부려보지만 그것이 부질없다고 생각해 나중에는 흘려보내게 됩니다. 물론 상우는 사랑하는 사람의 배신으로 인해 커다란 상처를 받았지만 인생에서 또 하나의 중요한 진리를 알게 됩니다. '잃는 것이 있으면 얻는 것도 있다는 것'입니다.

상우는 사랑하는 사람을 잃었지만 '사랑도 변한다'는 것을 아픈

당신의 마음을 진단해 드립니다

사랑을 통해 알게 됩니다. 그것이 생물학적인 작용이든 아니면 인간의 변덕스러운 면 때문이든 간에, 사랑은 본질적으로 변하는 것입니다. 그것은 은수의 탓도 상우의 탓도 아닙니다.

〈트리스탄과 이졸데〉라는 신화 이야기가 있습니다. 트리스탄과 이졸데는 서로 사랑하지만, 이졸데 공주가 다른 사람과 결혼하게 되고, 둘은 불륜의 사랑을 나누게 됩니다. 결국 트리스탄은 커다란 상처를 입게 되고, 이졸데의 품 안에서 죽는다는 내용입니다. 이 이야기에서 재미있는 부분이 트리스탄과 이졸데가 3년간 사랑의 열정을 지속시키는 묘약을 나눠 마시는 부분입니다. 과연 사랑을 불러일으키거나 지속시키는 약물이 정말 존재하는 것일까요?

연구를 통해 인간의 뇌에는 사랑의 감정을 일으키는 물질이 존재한다고 밝혀졌습니다. 사랑에 빠지면 기분이 들뜨고, 사랑에 몰입하게 되는 것은 뇌 속에서 만들어지는 암페타민(amphetamine, 각성제의 일종)의 일종인 페닐에틸아민(phenylethylamine, 이하 PEA)의 분비 때문입니다. PEA가 분비되면, 사랑하는 사람들의 심장은 뛰고 상대방을 생각하기만 해도 기분이 들뜨게 됩니다. 또한 사랑하는 두 사람의 성격이 달라도, 배경과 식성이 달라도 아무것도 문제될 것이 없게 만듭니다. 이런 점이 서로에게 흥미를 끌게 만들고, 더욱 애정을 깊게 합니다.

PEA라는 물질은 사랑하는 연인이 서로 오래 같이 있고 싶어 하게 합니다. 이 물질이 분비되면 조금 전에 헤어졌다 해도 각자의 집에서 휴대전화로 몇 시간씩 이야기를 나눌 수 있으며 만날 날을 손 꼽아 기다리게 됩니다. 서로 세상에 둘도 없는 이성으로 여기도록 만들어 현실적인 판단력이 마비되게 합니다.

사랑하는 사람들이 초콜릿을 주고받는 경우가 있는데, 아마도 PEA의 효과를 증폭시키려는 의도인지도 모릅니다. 초콜릿에는 PEA 성분이 있기 때문입니다.

그러나 인간사의 모든 일에는 오르막이 있으면 내리막이 있는 법입니다. 일정 기간 후에는 그동안 뇌에서 많이 분비되던 PEA의 분비가 떨어지게 됩니다. PEA의 분비가 떨어지지 않더라도 오랫동안 분비된 PEA에 대해 뇌가 내성을 보이며 반응을 보이지 않게 됩니다. 이제 사랑의 열정은 조금씩 식을 준비를 하는 것입니다.

그렇지만 이때 뇌에서 PEA의 바통을 이어받은 물질이 분비되기 시작합니다. 마약인 모르핀과 화학적으로 유사한 엔도르핀이 분비되면서 둘 사이의 관계는 편안하고 안정적으로 유지됩니다. 상대방만 봐도 가슴이 뛰던 열정은 사라지지만, 상대방을 만나면 편안하고 보고 싶은 감정이 이 물질로 인해 유지됩니다.

그런데 이 시기에 이별을 하거나 실연을 당하면 그동안 잘 분비되던 엔도르핀의 분비량이 저하됩니다. 따라서 몸 안에서 만들어지는 엔도르핀의 진통 작용이 없어지고 마약 특유의 금단 증상으로 몸이 아프거나 기분이 저하되며 안절부절못하게 되는 것입니다.

PEA가 분비되는 기간은 18개월에서 3년 정도로, 만약 규칙적으로 만날 경우에는 2~3년 정도까지 지속됩니다. 이런 기간을 사람들은 경험을 통해 예전부터 알았기 때문에 트리스탄과 이졸데가 먹었던 사랑의 묘약 시한을 3년으로 잡은 것이 아닐까 합니다.

위에서 언급한 대로 사랑이 식는다는 것은 이런 생물학적인 작용에 기인하는 경우가 많습니다. 그래서 사랑이 식었다고 자신의 성격에 결함이 있거나 변덕이 심한 것은 아닐까 라고 자책할 필요는 없습니다. 또한 사랑이 식었다고 사람들이 다 헤어지는 것도 아닙니다. 그동안 둘이 쌓아왔던 인생의 동반자라는 신뢰감과 좋은 감정들이 연인의 관계를 유지시켜주기도 합니다. 인간의 행동은 생물학적인 작용 이상의 것에 의해 움직일 때가 많기 때문입니다.

이 세상 모든 것은 변합니다. 사랑도 마찬가지입니다. 그래서 내 사랑이 식었다고 자신을 탓할 것도 없으며, 상대방의 사랑이 식었다고 그 사람을 원망할 것도 아닙니다. 이 세상에 사람의 감정처럼 다시 되돌리기 어려운 것은 없습니다. 그런 감정을 되돌리려하다 보면 상처는 더욱 깊어지고 상대방에게 집착하게 됩니다.

우리의 몸이 늙어가고 변화하듯이 우리의 마음도 항상 변합니다. 그래서 우리는 사람과의 관계에서 항상 떠나보낼 준비를 하고, 또 떠날 준비를 해야 합니다. 그래야 흘러가는 시간 속에서 상처받지 않고 자연의 이법에 따라 순조롭게 살 수 있기 때문입니다.

마음상담소

이 세상 모든 것은 변합니다.
우리의 마음도 항상 가변적이기에 불타올랐던
사랑도 언젠가는 식게 마련입니다.
그래서 우리는 사람과의 관계에서 항상
떠나보낼 준비를 하고, 또 떠날 준비를 해야 합니다.
그래야 흘러가는 시간 속에서 상처받지 않고
자연의 이법에 따라 순조롭게 살 수 있기 때문입니다.

성격 차이로 헤어질 뻔한 적이 있으신가요?

예전에는 부부 간에 문제가 있을 경우 주로 부인만 상담하는 경우가 많았지만, 요즘에는 부부가 함께 상담하는 비율이 크게 늘었습니다. 실제로 부부의 문제는 한쪽의 일방적인 문제로 생기는 것이 아니기에 함께 상담을 해야만 문제의 본질을 알 수 있고, 치료가 쉽습니다.

한번은 가장 일반적인 문제인 성격 차이로 상담한 부부가 있었습니다.

"저는 남편의 성격을 이해하지 못할 때가 많아요. 나태하고 게으르다고 할까요. 아무튼 그 사람은 집에 와서는 텔레비전을 보거나 빈둥거리는 경우가 많아요. 텔레비전도 드라마나 코미디 프로만 봐요. 좀 더 교육적이고 교양 있는 프로그램도 있는데 말이죠. 그리고 아침 일찍 일어나서 운동을 하거나 영어 학원이라도 가면 좋겠는데 아침까지 늘어지게 자다가 출근하기 바빠요. 왜 인생을 그렇게 의미 없이 사는지, 어떠한 활력도 느껴지지 않아요. 왜 이 사람은 이렇게 야심이 없을까요? 이해를 못하겠어요. 아무리 잔소리를 해도 꿈쩍도 안 해요."

반면 남편은 아내에 대해 이렇게 불만을 토로했습니다.

"아내는 매사가 항상 바쁩니다. 아이들은 가만히 내버려둬도 자신이 알아서 자기 앞길을 잘 가고 있는데 계속해서 아이들을 볶아대기만 합니다. 인생이란 물 흐르듯이 흘러가는 것인데, 아내는 항상 미래에 대해 불안해합니다. 혹시 남편인 제가 실직당하지 않을까, 승진에서 누락되지 않을까, 아이들은 좋은 대학에 갈 수 있을까 등 걱정이 한가득입니다. 하루하루를 즐겁게 지내다 보면 미래도 행복해질 수 있을 텐데 오히려 미래에 닥칠 일을 미리 걱정하기 때문에 늘 불안해하고 초조해합니다. 어디서 들었는데 우리가 걱정하는 것의 90퍼센트 이상은 사실 미래에 일어나지 않는다고 합니다. 하지만 아내는 걱정하는 일들이 모두 일어날 것이라 생각하고, 제게 계속 공부 좀 하고 자기 발전을 꾀하라고 닦달을 합니다. 그러면 현재는 언제 즐길 수 있을지 아내가 답답할 때가 많습니다."

상담 결과 남편은 현재에 만족하며 특별히 자기 발전을 위해 노력하는 타입이 아닌 평범한 사람인 반면, 부인은 야망이 많은 여성

당신의 마음을 진단해 드립니다

으로 항상 학원을 다니며 배우려는 열망이 큰 유형이었습니다.

　이렇듯 아무리 가까운 부부 사이라고 해도 상대방의 성격을 이해하지 못할 때가 많습니다. 사실 이것은 너무나 당연한 일입니다. 우리는 태어나면서부터 세상의 중심을 자신으로 잡기 때문입니다. 나도 모르게 자신의 시각으로 세상을 바라보게 되고, 다른 사람의 성격도 자신의 관점에서 바라볼 수밖에 없습니다. 그렇기에 사람들은 배우자나 연인이 자신의 성격과 다를 때 그것을 커다란 결함으로 생각하는 경향이 많습니다. 그러나 서로 성격이 다르니 맞지 않는 부분은 당연히 있게 마련입니다.

　여기서 중요한 것은 나와 상대방의 성격이 맞지 않는 것이 아니라 상대방이 나와 다르다는 것을 얼마나 인정할 수 있는가입니다. 남과 내가 다르다는 것을 인정하는 것은 쉽지 않습니다. 더욱이 우리 사회가 여전히 다양성에 대해 포용성이 크지 않기 때문에 나와 다르면 그 사람은 뭔가 문제가 있는 것처럼 생각하는 경향이 많습니다. 그리고 집단주의의 영향을 어린 시절부터 받아온 우리나라 사람들은 특히 나와 남이 다르다는 것을 견디지 못합니다.

　사람은 누구나 다르며, 특히 여자와 남자는 근본적으로 다릅니다. 예를 들어 영화를 볼 때 한 친구는 예술 영화를 보고 싶은데 다른 친구는 액션 영화를 보고 싶을 수 있습니다. 이때 "아휴 수준 낮게 치고받는 영화를 뭐 하러 봐"라고 하면 상대는 감정이 상할 수밖에 없습니다. 이는 좋아하는 것의 취향이 다를 뿐 누가 맞고 틀리고의 문제가 아닙니다.

이렇게 한 가지 취향이 달라도 우리는 성격이 서로 맞지 않다고 여길 수 있습니다. 그런데 계속 함께해야 하는 부부나 연인 사이에는 얼마나 많은 취향의 차이가 존재할까요? 그러니 신혼부부나 만난 지 얼마 안 된 연인 사이에서 다툼이 일어나는 것은 당연합니다.

반면 중년에 들어서면서 부부 사이에 갈등이 커지는 경우도 매우 많습니다. 가정의 경제적인 기반을 잡기 위해 열심히 돈을 벌고 재산을 늘려가는 동안 부부 사이의 갈등은 수면 밑에 가라앉아 있다가 경제적으로 윤택해지고 여유가 생기게 되면 둘 사이에 존재하고 있던 성격 차이가 두드러지게 드러나게 됩니다.

영화 〈장미의 전쟁〉은 자신이 옳다고 생각하고 상대방의 다름을 인정하지 않으며 결국 극단으로 치닫는 부부를 보여줍니다. 올리버와 바바라는 골동품을 파는 경매장에서 우연히 만나 사랑에 빠져 결혼까지 이르게 되고, 바바라가 로즈가의 사람이 되면서 장미(로즈)의 전쟁은 서막이 오릅니다.

가난한 법대생이던 올리버는 변호사가 되어 법률 회사에 근무하면서 정말 열심히 일해 큰돈을 모읍니다. 아내인 바바라는 값비싼 도자기와 가구로 집을 꾸미는 취미를 갖고 있지만 여기까지 둘의 관계는 문제가 없었습니다. 하지만 어느 날 바바라는 손님들 앞에서 요점 없이 장황하게 이야기를 했다는 이유로 올리버에게 면박을 당합니다. 그 일로 바바라는 남편이 자신을 무시했다고 생각합니다. 물론 올리버도 아내에게 불만이 없는 것은 아닙니다. 어느 날 올리버가 식당에서 갑작스런 심장 통증으로 응급실로 이송되지만, 소식을 듣고도 아내가 병원에 오지 않았기 때문입니다.

둘의 사이는 점점 멀어져가고 드디어 바바라는 올리버에게 이혼을 통고합니다. 이혼의 조건은 단 하나, 자신이 그동안 가꿨던 집을 달라는 것입니다. 올리버는 아내에게 돈은 줄 수 있으나 집만은 양보하지 않겠다고 함으로써 장미의 전쟁은 극으로 치닫습니다. 이둘의 싸움은 광기를 띠게 되고, 천장에 매달려 있던 샹들리에가 바닥에 떨어지면서 멈추게 됩니다. 둘 다 저세상으로 떠난 것입니다.

바바라는 남편이 자신을 은근히 무시한다는 피해의식이 누적되어 있었고, 올리버는 가족을 위해 한평생 헌신했으나 아내의 대접이 형편없다고 생각하는 데서 문제는 시작됩니다. 또한 둘이 서로 다른 점을 인정하지 못한 것도 둘의 전쟁에 한몫을 합니다.

바바라는 고양이를 좋아하고 체조를 전공했을 만큼 운동 신경이 뛰어나며 결단력이 있는 사람입니다. 반면 올리버는 개를 좋아하며 일에 파묻혀 사는 일 중독자로 야심적이고 성취지향적인 사람입니다. 바바라는 올리버를 인간미가 없고 출세에 목숨을 거는 냉혹한 사람이라고 생각합니다. 반면 올리버는 아내가 고양이나 좋아하고 남들에게 과시하는 것만 좋아하는 속 빈 여자라고 생각합니다.

이들은 서로의 다른 점이 자신이 갖지 못한 점을 보완한다고는 생각하지 않습니다. 오히려 차이점으로 인해 둘 사이의 간격은 벌어질 대로 벌어지고 전쟁으로 치닫습니다. 둘은 자신만이 옳다고 생각하고 상대방의 다른 면은 인정하려고 하지 않습니다. 그래서 그들은 서로 지지 않으려고 하다가 결국 비극적인 결말에 이르게 됩니다.

만약 사람들 사이에 시각의 차이가 없다면 세상은 모두 똑같은 사람들로만 채워지게 될 것입니다. 시각의 차이가 있어야 다양하게 선택할 수 있고, 세상도 풍요로워질 수 있습니다. 좋아하는 직업, 선호하는 취미, 갖고 싶은 물건, 사귀고 싶은 사람, 인생의 가치관 등 변수들의 조합으로 이 세상에 똑같은 사람이 존재하지 않게 됩니다.

좋아하고 싫어하는 것을 선택하는 경향을 '성격'이라고 볼 수 있습니다. 예를 들어 '그 사람은 사람들과 어울리는 것은 좋아하지만 술은 싫어하고, 테니스를 좋아하며, 자기주장이 강하지 않은 여성을 좋아한다. 그리고 휴일에는 되도록 집에 있는 것을 좋아하며, 악착같이 사는 것은 싫어한다'는 식으로 좋고 싫어하는 것을 선택하는 경향을 나열해보면, 그것이 바로 그 사람의 성격입니다.

이런 좋고 싫어하는 것을 결정하는 데는 일단 유전적으로 물려받은 기질이 제일 큰 비중을 차지하고, 여기에 환경적인 변수까지 생각한다면 사람들의 성격이 제각각인 것은 당연한 일입니다.

그래서 이혼이나 이별을 할 때 흔히 "성격이 맞지 않는다"는 이

당신의 마음을 진단해 드립니다

유를 대는 경우가 많은데, 이 말은 너무나 당연하기 때문에 이유가 될 수 없습니다. 마치 한때 죽음의 원인을 심장마비라고 생각했던 것과 다를 바 없습니다. 사람이 어떤 원인으로 죽든 심장은 결국 멈추기 때문에 너무 자명한 사실을 죽음의 원인으로 말하는 것과 마찬가지입니다.

요즘 MBTI 등 성격 유형 테스트가 대유행입니다. 여덟 가지 유형으로 나눈 검사도 있고, 20여 가지로 세분해서 나눈 성격 테스트 등 다양한 도구가 있습니다. 테스트를 해 보면 "어쩌면 내 성격을 이리도 잘 맞히지"라고 생각한 분들이 많을 것입니다. 하지만 우리 성격은 여덟 가지로도, 20가지로도 나눌 수 있습니다. 이는 곧 내 성격과 다른 유형이 테스트에 따라 일곱 가지가 있을 수도 있고, 20가지 이상도 존재한다는 것입니다.

연인이나 부부는 상대방을 자신의 입맛에 맞게 바꾸고 싶어 할 때가 많습니다. 하지만 성격은 쉽게 바뀌지 않기 때문에 헛수고가 되기 쉽습니다. 그런데도 많은 연인이나 부부가 상대방이 변하지 않는 것이 자신에게 애정이 없거나 사랑이 식었기 때문이라고 단정합니다. 그래서 연인이나 부부 사이의 갈등의 해결점은 대부분 상대방의 성격을 바꾸려는 노력을 포기하는 것에서 시작됩니다. 사실 배우자나 애인과 성격이 맞지 않는다고 느끼는 것은 너무나 정상입니다. 사랑한다면 상대의 성격을 바꾸려 하지 말고, 있는 그대로 인정하는 것이 필요합니다.

상대방과 다름을 인정하는 것이 그리 쉬운 일은 아닙니다. 우리는 자신이 바라보는 세상에 대한 관점을 쉽게 바꾸려 하지 않기 때문입니다. 그렇다고 내 시각을 바꿀 필요도 없습니다. 만약 나는 액션영화를 좋아하는데 상대는 멜로영화를 좋아한다면 이렇게 해보면 어떨까요? 영화관에 가서 나는 액션 영화의 티켓을 끊고 상대에게는 멜로 영화의 티켓을 사주고 둘이 떨어져 재미있게 영화를 보고 나와서 맛있는 저녁을 함께 먹는 것입니다. 다름을 받아들이고 인정하는 좋은 방법은 각자의 취향을 존중하며 함께 가는 것입니다.

당신의 마음을 진단해 드립니다

마음상담소

상대방과 다름을 인정하는 것이 그리 쉬운 일은 아닙니다.
우리는 자신이 바라보는 세상에 대한 관점을
쉽게 바꾸려 하지 않기 때문입니다.
그렇다고 내 시각을 바꿀 필요도 없습니다.
다름을 받아들이고 인정하는 좋은 방법은
각자의 취향을 존중하며 함께 가는 것입니다.

삶에서 가족의 의미

한번은 우울증에 시달린다며 한 부인이 상담을 하러 오셨습니다. 사연을 들어보니 남편이 암으로 몇 년 전 세상을 떠났지만, 살아 있을 때 자신이 잘못한 부분만 계속 떠올라 아직도 남편에 대한 죄책감이 든다는 것이었습니다. 남편을 돌보면서 어느 때는 그것이 너무나 힘이 들어 문득 이 사람이 빨리 세상을 떠났으면 하는 생각이 들기도 했고, 그럴 때마다 그런 생각이 드는 자신이 너무나 밉고 이정도밖에 되지 않는 사람이었나 하고 절망하곤 했다는 것입니다.

남편은 폐암 말기에 이르러서 아무것도 먹지 못하고 누워 지내기만 했는데, 환자 침상 곁에 놓인 보호자 침상에서 새우잠을 자면서 몇 달을 보내자 너무 답답하고 점점 병색이 완연해가는 남편의

당신의 마음을 진단해 드립니다

모습을 지켜보는 것도 너무 괴로운 일이었다고 합니다.

그 부인은 앞으로 모든 것을 자신이 다 떠맡아야 한다는 사실에 부담감이 점점 더 늘어났다고 합니다. 남편은 결국 세상을 떠났지만 남편을 간병하면서 그 괴로움과 고통을 힘겨워한 자신이 너무나 부끄럽다며 울먹였습니다.

우리는 가족이라는 존재에 대해 항상 사랑하고 아껴야 한다는 의무감에 가까운 강박관념을 갖고 있습니다. 가족에게 부정적인 감정을 느끼거나 부담을 가지면 자신이 부도덕한 사람이라는 죄책감이 생기기도 합니다. 그러나 가족을 먹여 살려야 하거나, 가족을 오랫동안 돌봐야 하는 일은 누구에게나 절대로 쉬운 일이 아니며 큰 부담일 수밖에 없습니다. 만약 가족을 부담이라 여기면 마치 피도 눈물도 없는 인간 취급을 당하기도 하고, 자신도 내심 죄책감을 느끼는 사람이 많습니다.

하지만 부담스러운 일에 부담을 갖는 것은 당연합니다. 그것은 가족의 일이라고 해서 예외가 아닙니다. 도리어 가족이기 때문에 더 큰 부담을 가질 수도 있습니다.

영화 〈길버트 그레이프〉를 보면 가족에 대한 부담감이 어떤 것인지를 엿볼 수 있습니다.

이 영화는 길버트가 해마다 마을로 찾아오는 여행객들을 보면서 "항상 떠날 수 있는 저 사람들이 부럽다"고 혼잣말을 하는 것으로 시작됩니다. 그는 17년 전 아버지가 자살하는 바람에 작은 슈퍼마

켓에서 점원 일을 하며 가족을 부양하고 있습니다. 그에게 어머니는 있지만, 어머니는 아버지가 자살한 이후 아무것도 하지 않은 채 집 안에서 먹기만 합니다. 그래서 어머니는 뚱뚱한 정도를 넘어서 그의 표현대로 뭍에 나온 고래처럼 살이 쪄서 외출도 불가능합니다. 그에게 도움이 되는 사람은 누나 한 명뿐으로 여동생은 자신의 외모에만 신경을 쓰고 남동생 어니는 지적 장애를 앓고 있어서 말썽만 피울 뿐입니다.

어느 날 길버트는 마을에 찾아온 여행객 베키를 만나게 되고, 그녀를 따라 마을을 떠나고 싶어 하지만 가족을 버릴 수 없어 떠나지 못합니다. 동생인 어니가 사고를 치던 날 길버트는 그를 때립니다. 그리고 죄책감과 부담감에 마을을 떠나지만 다음 날 다시 집으로 돌아오고 맙니다.

어머니는 어느 날 잠이 든 듯 죽지만, 어머니의 몸이 너무 커서 시신을 집 밖으로 꺼내지 못합니다. 길버트는 어머니가 죽어서도 다른 사람들의 놀림감이 되지 않도록 집을 불태워버립니다. 그리고 동생인 어니와 함께 여행객들의 트레일러를 얻어 타고 마을을 떠납니다.

길버트는 가족의 생계를 책임지고 돌봐야 한다는 부담감 때문에 여행객들의 행렬을 부럽게 쳐다보기만 할 뿐입니다. 그가 가족을 지탱하느라 너무나 고통스러워하고 있다는 것을 상징적으로 보여주는 장면입니다. 어느 날 길버트가 지하실로 내려가 마루가 내

당신의 마음을 진단해 드립니다

려앉지 않도록 버팀목을 대는 장면이 나오는데, 어머니가 사망하자 그는 집안을 지탱하던 버팀목을 모두 치워버립니다. 길버트가 이제 가족의 부양에서 어느 정도 벗어났다는 것을 암시하는 장면으로 해석할 수 있습니다. 그리고 그는 미련 없이 집을 불태웁니다. 여기 서 집은 따뜻하고 그를 보살펴주는 공간이 아니라, 그를 잡아두고 숨 막히게 했던 공간입니다.

가족을 소재로 한 영화를 보면 가정은 따뜻하고 위안을 주는 공 간으로 등장하는 경우가 많습니다. 또한 우리가 추구해야 할 최고의 가치는 가족을 지키고 보살피는 것이라고 강조합니다. 물론 많은 사 람에게 가족은 울타리가 되어주고 보호해주며 따뜻한 안정감을 주 는 존재입니다. 하지만 〈길버트 그레이프〉 영화처럼 가족이 부담이 자 구속이 되는 경우도 많습니다. 이것이 바로 가족이 가진 양면성 입니다.

치매 환자를 오랫동안 돌보다 지쳐서 진료실을 찾는 분들이 많 습니다. 그들은 정신적, 육체적으로 아주 지친 상태로 이렇게 토로 합니다.

"간병하는 데 지친 나머지 어떨 때는 치매에 걸린 어머니에게 화 를 내고 신경질을 내기도 해요. 그러다가 돌아서면 내 어머니이고 정말 불쌍한 분인데, 내가 너무 가혹하게 대했다는 생각에 나 자신 이 너무나 미워질 때가 많아요."

"예전의 저는 좋은 며느리였어요. 하지만 치매가 걸린 어머니를 돌보면서 세상에서 제일 무가치하고 파렴치한 인간으로 전락한 느낌이 들어요."

하루 종일 치매 환자를 돌보는 것은 육체적으로 매우 힘든 일인데, 많은 사람이 정신적으로 자책을 하고 죄책감을 느끼는 이중의 고통을 겪게 됩니다.

그러나 치매의 증상을 알면 가족의 고통이 어느 정도인지 짐작할 수 있습니다.

치매가 심해지면 가족들도 알아보지 못합니다. 치매 환자는 망상을 동반하는 경우도 많아 자신을 돌보는 가족에게 돈을 훔쳐갔다고 화를 내며 폭력을 휘두르기도 합니다. 그리고 느닷없이 나가버려 길을 잃어버리기도 합니다. 그러면 가족들은 하염없이 치매환자를 찾아 거리를 헤맵니다. 수면도 엉망이 돼서 밤에 거실을 서성대고, 이 방 저 방 문을 열고 다니기도 합니다. 특히 치매 환자는 밤에 증세가 더 심해집니다. 뭐가 보인다, 무슨 소리가 들린다고 하기도 합니다. 그래서 두려움을 호소하기도 하고 알 수 없는 소리를 내기도 합니다. 치매가 심해지면 대소변을 가리는 일도 불가능해집니다. 이렇게 되면 전 가족이 매달려 치매 환자를 돌봐야 하는 상황이 됩니다.

그래서 외국의 경우 치매 환자를 돌보는 가족들의 모임이 있습니다. 이들은 여기서 자신이 환자를 돌보면서 겪었던 환자에 대한 분노감, 원망 등을 털어놓습니다. 그러면서 자신만이 이런 생각을

당신의 마음을 진단해 드립니다

하고, 환자에 대해 불만을 갖는 것이 아니라는 것을 알게 됩니다. 환자의 가족들은 가족이 만성적인 질환에 걸려 간병하고 돌봐야 하는 것은 누구에게나 어려운 일이며, 힘든 것이라는 사실을 받아들이면서 죄책감 대신 위안을 얻습니다.

많은 사람이 가족을 생각하면 동화 속에 등장하는 '스위트 홈'을 떠올립니다. 그렇게 되면 그 사람은 최악의 일이 발생하면 죄책감에서 헤어나지 못합니다. 가족은 우리에게 울타리가 될 때도 있지만, 그 울타리는 내가 밖으로 나갈 수 없게 만들 수 있다는 것을 잊지 말아야 합니다.

가족에 대한 충성심으로 무장한 채 울타리에 갇혀 자유롭게 살지 못하는 사람도 종종 보게 됩니다. 특히 가족 중 한 사람이 희생해서 온 가족을 부양하는 경우가 있습니다. 부모뿐 아니라 형제자매들을 교육시키고 결혼까지 시키느라 정작 자신은 결혼도 하지 못하고 늙어버린 사람들이 있습니다. 그들은 말년에 후회를 많이 합니다. '그 당시엔 내가 그런 일을 하지 않는다는 것이 가족들에 대한 배신이라고 생각했지만 지금 와서 보면 가족들은 나에게 전혀 고마워하지 않는다. 그들은 내가 좋아서 했다고 생각할 뿐이다. 그냥 내버려뒀어도 부모와 형제들은 자신의 삶을 꾸려갔을 텐데 내가 그렇게까지 희생할 필요가 있었나'라는 생각이 든다고 말합니다.

우리는 가족에 대해 항상 긍정적으로 생각하고, 감사하며, 사랑하는 감정을 지녀아 한다는 의무감을 갖고 있습니다. 그러나 이런 의무감이 도리어 자연스런 감정의 흐름을 방해하고, 죄책감을 느끼게 만들어 가족과 더욱 멀어지게 만드는 원인이 되기도 합니다.

가족에 대해 부담감, 분노감, 벗어나고 싶은 생각 등의 부정적인 감정도 사실 자연스러운 것입니다. 이런 부정적인 감정이 든다고 자책하거나 죄책감을 가질 필요는 없습니다. 이런 부정적인 감정이 드는 것이 곧 자신이 가족을 사랑하지 않고 자신의 도덕성에 문제가 있는 것은 아닙니다. 이런 부정적인 감정도 내 생각의 일부분이고 순간순간 떠오르는 인간적인 감정일 뿐이니까요.

당신의 마음을 진단해 드립니다

마음상담소

많은 사람이 가족을 생각하면
동화 속에 등장하는 '스위트 홈'을 떠올립니다.
그렇게 되면 그 사람은 최악의 일이 발생하면
죄책감에서 헤어나지 못합니다.
가족은 우리에게 울타리가 될 때도 있지만,
그 울타리는 내가 밖으로 나갈 수 없게 만들 수 있다는 것을
잊지 말아야 합니다.

형제자매가 경쟁상대로 느껴지시나요?

한번은 결혼한 지 10년이 되었고, 1남 1녀를 두고 부유한 생활을 하며 겉으로는 별 문제가 없어 보이는 여성을 상담한 적이 있습니다. 그녀는 1남 3녀 중 둘째이며 위로 언니가 한 명 있는데, 언니가 지금도 너무나 부럽고 어떨 때는 시기심까지 든다고 했습니다.

"언니는 어린 시절부터 주변에서 예쁘다는 소리를 자주 들었어요. 공부도 잘하는 편이었고요. 당연히 부모님은 언니에게 관심을 더 가지는 것 같았습니다. 나는 마음속으로 서운함을 삭여야 했고, 모든 것을 비교해도 항상 모자란 동생이었어요. 나는 언니보다 외모가 더 뛰어나고 공부도 더 잘하고 싶었지만 항상 역부족이었어요. 이렇게 늘 언니에 대해 경쟁심을 가지는 내가 사실은 부끄러워요."

당신의 마음을 진단해 드립니다

더욱이 언니는 그녀에게 항상 잘 대해주고, 힘든 일이 있을 때마다 자신의 일처럼 안타까워했다고 합니다. 그런 언니의 모습을 볼 때마다 자신이 언니보다 더 잘되고 싶은 욕망을 갖고 있다는 것이 부끄럽게 느껴져, '왜 나는 이 정도밖에 안 되나' 하고 속으로 자책도 했지만 마음속 깊숙이 담고 있는 언니에 대한 경쟁심은 어쩔 수 없다고 했습니다. 그런데 이제는 자신의 자식들이 언니네 아이들보다 공부를 못할까 봐 너무 걱정이 된다는 것입니다. 그러면서 같은 형제인데도 이런 유치한 시기심까지 들게끔 부모가 편애한 것이 화가 난다고 했습니다.

그래서 저는 이렇게 질문해 보았습니다.

"그렇다면 부모의 편애로 인해 얻은 점은 없나요?"

그녀는 한참을 생각하더니 이렇게 대답했습니다.

"부모님이 언니만 예뻐하다 보니 어린 시절부터 혼자 힘으로 모든 것을 하게 되었어요. 생각해보니 남에게 의존하지 않는 독립심이 생긴 것 같네요."

만약 그녀가 자신의 상황에 대해 신세한탄만 했다면, 아무런 발전도 못했을 것입니다. 하지만 그녀는 자신의 결핍감을 극복하기 위해 앞길을 스스로 개척해왔고, 누구에게도 지지 않는 생활력을 얻게 되었습니다.

자신의 상황을 어떻게 인식하느냐 하는 것이 형제간의 경쟁에서 유리해질 것인지 아니면 불리해질 것인지를 결정짓습니다. 누구나 형제간에도 경쟁심을 느낍니다. 그런 경쟁심은 어린 시절부터 시작되며, 성인이 되어서도 이어집니다. 아이들의 경우 소변을 잘 가리던 아이가 동생이 태어난 뒤 갑작스럽게 못 가리는 경우가 있습니다. 또는 신경질을 많이 부리고, 머리가 아프다거나 배가 아프다고 호소하기도 합니다. 이는 부모님의 사랑을 한 몸에 받던 아이에게 동생이 태어나면서 사랑이 분산되어 생기는 증상들입니다.

동생이 생기면 모든 것을 독차지하던 먼저 태어난 아이는 이제 낭패감을 느끼게 됩니다. 아기를 안고 있는 엄마의 주변에서 눈치를 보기만 할 뿐, 엄마의 품에 안길 수 있는 기회는 거의 없습니다. 어른들도 사랑을 뺏겼을 때 섭섭하고 속상한 법인데, 아이들의 스트레스는 얼마나 심할까요? 이때 아이들은 소변을 못 가리기도 하고 신경질을 부리며 여기저기 아프다고 하는 방법을 쓸 수 있습니다. 그나마 이런 극단적인 방법을 써야 부모는 잠시 소홀했던 자신에게 관심을 가져주기 때문입니다.

그래서 새로 태어난 동생이 너무나 미울 수밖에 없습니다. 그렇다고 동생에게 대놓고 화풀이를 하면 부모의 반응은 더욱 차갑습니다. 아기를 괴롭히지 말고 저리 가라는 소리만 들을 뿐입니다.

이처럼 부모의 사랑이 항상 공평하게 부여되지는 않습니다. 동생이 생기게 되면, 가장 많은 보살핌을 받아야 하는 아기에게 부모의 사랑은 집중될 수밖에 없습니다. 사랑을 나눠주려고 해도 부모의 사랑이나 관심은 무한정 나올 수는 없습니다. 그런 한정된 부모의 사랑을 혼자 받아도 시원치 않은데 형제의 숫자로 다시 나눠야 합니다. 부모에게 더 많은 몫의 사랑과 인정을 받고 싶지 않은 사람은 없을 것입니다. 그렇다면 다른 형제보다 공부, 외모, 재능이 더 뛰어나야 합니다. 부모도 사람이다 보니 이런 사회적인 기준으로 아이들을 평가하게 됩니다.

인간은 누구나 더 나은 대우와 사랑을 받고 싶어 하기에 경쟁심은 인간 사회에서 너무나 자연스러운 감정입니다. 하지만 우리는 형제간의 관계에서는 나누고 베풀어야지 경쟁심을 가져서는 안 된다고 생각합니다.

〈조지아〉라는 영화가 있습니다. 이 영화는 자매간의 숨은 경쟁심을 보여줍니다.

이 영화의 주인공은 삼류 가수인 새디로 조지아는 잘나가는 가수의 길을 가고 있는 그녀의 언니입니다. 새디는 삼류밴드를 전전하고 약물과 술에 절어 살며 인생을 포기한 듯이 살아갑니다. 반면 언니인 조지아는 탁월한 음악성을 타고났으며, 성실하게 자신의 삶을 개척한 덕에 모든 것을 가졌습니다. 유명한 가수가 되었고, 자상하고 충실한 남편과 가정을 꾸려 사랑스런 아이들도 있습니다.

이 영화는 서로 반목하던 자매가 결국 마음의 문을 열어 화해하고 좋은 기회를 잡게 된 새디의 인생에도 봄날이 오는 것으로 끝나지 않습니다. 조지아는 대중 앞에서 노래하며 환호를 받지만, 새디는 여전히 작은 술집에서 초라한 밴드와 함께 노래를 부르는 것으로 끝이 납니다.

이 영화에서 새디는 언니보다 못한 목소리를 타고났으며, 가수로서 성공하지 못합니다. 언니를 사랑하면서도 자신이 갖지 못한 모든 것을 갖고 있는 언니에 대한 부러움을 마음속에 품고 삽니다. 부모의 관심은 언니인 조지아에게 있고, 새디는 집안에서 사고만 치는 말썽꾼일 뿐입니다.

그녀의 언니에 대한 부러움과 절망감은 언니가 마련해준 콘서트 무대에서 드러납니다. 새디는 언니의 콘서트 무대에서 실수를 해 무의식적으로 언니에 대한 숨겨진 분노를 표출합니다. 새디는 아무리 언니를 따라가려고 해도 따라갈 수 없고, 부모마저 자신을 사랑하지 않을 것이란 생각 때문에 절망합니다. 새디는 이런 절망감으로 술과 약물에 찌들어 사는 길을 택합니다. 맨정신으로는 자신의 처지를 받아들이기가 너무 고통스럽기 때문입니다.

부모의 사랑을 받으려고 아무리 노력해도 선천적으로 타고난 외모와 재능은 어쩔 수 없는 경우가 있습니다. 이때 부모의 사랑을 받지 못한 사람은 열등감을 극복하기 위해 더욱 열심히 노력해서 자신의 숨겨진 재능을 발휘하는 경우도 있고, 반대로 영화 속 새디처럼 형제와 자신을 계속 비교하면서 절망감에 빠져드는 경우도 있습니다.

우리는 재능이나 집안 환경, 부모를 선택해서 태어날 수 없습니다. 단, 현재 처한 상황에서 어떻게 세상을 인식하고 대처할 것인가

당신의 마음을 진단해 드립니다

는 자신의 몫입니다. 영화에서 조지아는 미성을 타고났고, 새디의 목소리는 그렇지 못합니다. 하지만 조지아에 비해 새디는 더 자유분방하고 개성적인 성격을 가졌습니다. 새디가 언니와 자신을 지나치게 비교하고 언니를 능가할 수 없을 것이란 절망감만 갖지 않았다면, 그녀의 인생은 그리 나쁜 편은 아니었을 것입니다.

형제간에 경쟁심을 느끼는 것은 당연한 일입니다. 단지 우리가 그런 생각이 들 때 죄책감을 갖는 것이 문제입니다. 죄책감을 느끼지 말고 한 발 나아가 '내가 다른 형제보다 더 나은 사람이 되고 싶은 모양이구나'라고 생각하면 어떨까요?

사실 형제간의 경쟁심은 아이의 발달 과정에 긍정적인 면을 제공합니다. 어린 시절 형제들이 벌이는 선의의 경쟁은 형제들 모두에게 자극을 주고, 발전할 수 있는 동기를 부여합니다. 그리고 부모, 특히 어머니를 독점할 수 있는 권리를 포기해야 한다는 점을 일깨워줍니다. 만일 부모가 자식에게 평생 관심을 보인다면, 그 자식은 부모의 곁을 떠나지 못하고 항상 부모의 사랑에 기대며 자라게 됩니다. 하지만 부모의 사랑은 나에게만 머물 수 없고, 다른 형제들에게도 배분되어야 한다는 것을 알게 되면 부모와의 관계를 조금씩 단절할 수 있는 계기가 됩니다. 이러한 과정을 통해 배우자나 다른 사람에게 사랑을 갈구하지 않고 기다리는 인내심을 배울 수 있습니다. 어린 시절 자신의 순서가 아닌데도 자꾸 자신에게 관심을 가져달라고 부모에게 떼를 써봤자 부모에게서 돌아오는 것은 무관심이나 비난이라는 것을 알기 때문입니다.

또한 살면서 자신이 받고 싶은 만큼 충분히 사랑을 받을 수 없다는 사실도 깨닫게 해줍니다. 부모에게 무한정 사랑을 받고 자란 사람들은 성인이 되어서도 배우자에게 이런 사랑을 기대하며 사랑이 부족하다고 계속 투덜대지만, 배우자는 부모가 아닙니다. 그러나 사랑은 여러 사람이 나눠 가져야 한다는 것을 알게 되면 배우자나 애인에게 자신만을 사랑하고 오직 자신을 위해서 살라고 강요하지 않을 수 있습니다.

형제간의 경쟁심은 어린 시절부터 성인에 이르기까지 우리를 따라다니는 자연스러운 현상이며, 인간으로서의 자연스러운 감정의 발현일 뿐입니다. 다만 그것을 어떻게 규정하느냐에 따라 문제가 되기도 하고, 안 되기도 합니다. 형제간의 경쟁심은 사실 자연스러운 감정인데도 사회가 죄책감을 심어주었기 때문에 우리가 불편하게 느끼는 것입니다.

형제를 향해 경쟁심이나 질투심이 느껴지면 그것을 하나의 자연스러운 감정으로 받아들이면 됩니다. 그러면 죄책감이나 질투심은 아무런 힘도 쓰지 못하고 조용히 사라집니다. 하지만 그 감정과 다투고 싸우려 하고 거기서 상처를 받으면 그 감정은 나를 조종하고 계속 괴롭히게 됩니다. 그러니 그런 감정은 흘러가도록 내버려두시는 것이 좋습니다.

마음상담소

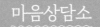

우리는 재능이나 집안 환경, 부모를
선택해서 태어날 수 없습니다.
단, 현재 처한 상황에서 어떻게 세상을 인식하고
대처할 것인가는 자신의 몫입니다.
우리 각자는 자신의 정체성을 갖고 태어난
빛나는 존재들입니다.

평소 눈물을 애써 참으시나요?

〈나라야마 부시코〉라는 일본 영화가 있습니다. 저는 이 영화를 눈물을 흘리며 보았습니다.

일본도 과거 우리나라처럼 고려장이란 풍습이 있었는데 늙은 어머니는 식량을 축내는 것이 미안해 자신을 내다 버리라고 아들에게 재촉합니다. 그런데 문제는 그 어머니가 너무 건강하다는 것이었습니다. 어머니는 자신의 고려장을 재촉하기 위해 일부러 돌에 찧어서 생니를 빼기도 합니다. 아들은 어머니를 지게에 지고 산에다 버리고 내려옵니다. 그 장면에서 눈은 하염없이 내리고, 어머니는 싸가지고 온 도시락을 다시 아들에게 주며 가는 길에 먹으라고 합니다. 그리고 멀어져가는 아들을 향해 하염없이 손을 흔듭니다.

당신의 마음을 진단해 드립니다

저는 이 장면에서 계속 눈물을 흘렸습니다.

저는 가부장적인 문화에서 자랐기 때문에 어릴 때부터 남자가 눈물을 보이는 것은 매우 수치스러운 일이라고 들으며 자랐습니다. 저는 "남자는 평생 세 번 눈물을 흘린다"는 말을 듣고 자란 세대입니다. 그러다 보니 남자가 눈물을 자주 흘리는 것을 부끄럽게 생각했습니다.

하지만 남자도 하나의 인간이라는 사실을 자각한 뒤로 그것은 사회가 인간 본성과는 달리 남자는 이러이러해야 한다고 강요한 것이고 남자들도 당연히 그렇게 해야 되는 줄 알고 그대로 받아들였다는 것을 알게 되었습니다.

〈소년은 울지 않는다〉라는 영화는 성이라는 것이 무엇인지 한번 생각해 보게 합니다. 이 영화는 1993년 갓 스무 살을 지난 티나 브랜든이란 여성이 두 명의 남성에게 잔혹하게 강간을 당하고 죽음에까지 내몰린 실화를 바탕으로 하고 있습니다.

티나는 여성으로 태어났으나 자신을 남성이라고 믿고 있습니다. 그녀의 꿈은 매력적인 여자를 만나 사랑에 빠지고 결혼하는 것이기에 비밀을 안고 인접 도시로 떠납니다. 티나 브랜든은 브랜든 티나로 이름을 바꾸고, 술 마시고 패싸움도 하는 남성이 됩니다. 그녀는 존과 톰이라는 친구들을 사귀고 운명적으로 톰의 애인인 라나를 만납니다. 티나와 라나의 사이는 점점 가까워지고, 그녀는 이제 라나와 결혼까지 생각합니다.

하지만 비밀은 밝혀지고 톰과 존은 티나가 여성이라는 사실을 알게 되면서 그들이 감추고 있던 여성에 대한 편견과 폭력성을 그대로 드러냅니다. 어제의 티나와 지금의 티나가 달라진 것이 없는데도 그들은 강간까지 저지르는 것입니다.

강간을 당한 티나는 톰과 존 앞에서 "괜찮아 내 잘못이야, 내 잘못이야"라고 말합니다. 티나는 강간을 당한 사실보다 자신의 성을 속였다는 사실이 더 미안했기 때문입니다. 성의 경계를 넘은 사실이 자신을 짓밟고 학대하는 것보다 더욱 큰 죄라고 여긴 것입니다. 이는 하늘이 정한 성의 경계를 감히 넘나든 그녀의 자학적인 반성이라 할 수 있습니다.

이 영화에서 티나는 성전환증을 가지고 있지만 영화의 본질은 도대체 남성과 여성은 무엇이며 이런 편 가르기를 통해 우리가 받고 있는 상처는 무엇인지 예리하게 지적하고 있습니다. 톰과 존은 왜 그렇게 분노했던 것일까요? 남성은 여성보다 한 수 위여야 하며 여성은 남성의 부속물 정도라고 여겼던 남성주의자인 톰과 존의 입장에서는 티나의 거짓말이야말로 그들의 자존심을 건드린 것입니다. 또한 이들을 더욱 화나게 한 것은 자신의 여인을 같은 남성도 아닌 다른 여성에게 빼앗겼다는 점일 것입니다. 그래서 그들은 티나에게 가장 치명적인 상처를 주고자 했습니다. 그것이 바로 강간으로 너도 별 수 없이 남자와 성관계를 맺어야 하는 여성이라는 사실을 확인시켜 준 것입니다.

당신의 마음을 진단해 드립니다

강간에 대한 가장 흔한 편견 중 하나는 '주체할 수 없는 성욕을 해결하지 못한 남자가 성관계에 동의하지 않는 여성을 대상으로 자신의 성적 만족감을 얻기 위해 저지르는 행동'이라는 것입니다. 하지만 강간의 심리적 원인은 성욕에 있는 것이 아니라 분노 또는 공격성과 관련이 깊습니다. 강간은 분노와 공격성을 성의 형태로 나타낸 폭력일 뿐 성적 만족 그 자체를 얻기 위한 것이 아닙니다.

이 영화를 보면서 저는 여러 가지 의문이 들었습니다. '왜 소년은 울면 안 되나?' '남성과 여성의 구분은 과연 천부적인 것인가, 아니면 학습되는 것인가?' '남성과 여성의 명확한 구분은 인간을 행복하게 하는가?' '도대체 남성과 여성의 차이는 무엇일까?'

우리는 어린 시절부터 많은 것을 학습하며 그것을 그대로 받아들입니다. 여기에는 유용한 것도 있지만, 매우 위험하고 폭력적인 것도 포함됩니다. 편견이 바로 그것인데, 가장 폭력적인 편견은 남성과 여성의 편 가르기라고 할 수 있습니다.

왜 소년은 울지 않아야 되고, 소녀는 울어도 될까요? 남성들은 이런 감정들을 억압하고 더욱 남성적인 남성으로 보이려다보니, 인정머리 없고 폭력적이고 자기 소외의 길을 걷게 되는 것입니다. 또한 여성들로 하여금 소극적이며 자기주장이 없도록 해서 남성에게 의존하게 만듭니다.

인간이 갖고 태어나는 천부적인 인격의 한 부분이 남성은 남성대로 여성은 여성대로 사회적 잣대의 칼로 인해 난도질당한 것입니다.

남성과 여성을 명확히 구분하는 편견은 역사상 가장 오래된 것이며 폭력적인 이데올로기로 여전히 남아 있습니다. 이는 우리 사회뿐만 아니라 세계 곳곳에서 분명하게 모습을 드러내고 있습니다.

남성에게도 눈물이 있습니다. 단지 눈물이 많으면 강해 보이지 않는다는 이유로 어린 시절 남성들의 눈물샘이 거세당한 것뿐입니다. 하지만 이런 거세를 피한 남성들은 여전히 많은 눈물을 흘릴 수 있습니다.

그렇다면 눈물을 많이 흘리는 사람은 정말 약한 사람일까요? 여성은 보통 눈물이 많은데 그렇다면 여성은 정말 약한 존재일까요?

본질적으로 들여다보면 여성은 강한 존재입니다. 자신의 감정 상태를 밖으로 드러낼 수 있는 자유가 있어 힘든 것은 힘들다고 하고 슬프면 눈물을 흘립니다. 이렇게 감정을 표현하면서도 절대로 포기하지는 않습니다. 우리가 지나온 역사를 살펴보면 여성들의 강인함을 확인할 수 있습니다. 참혹했던 전쟁, 여러 번의 정변과 혁명 등 힘든 역사의 소용돌이 속에서 꿋꿋이 나라를 지켜온 데에는 여성들의 역할이 컸습니다.

감정을 드러내는 것과 포기하는 것은 엄연히 다릅니다. 여성들은 눈물을 흘리지만 포기하지 않습니다. 이것이 바로 감정을 자유자재로 표현할 수 있는 사람의 강점인 것입니다. 반면 전형적인 남자다운 사람들의 경우, 마음속으로는 두려워하지만 겉으로는 거칠고 강한 척하며 힘들고 지칠 때 애써 눈물을 보이지 않으려고 합니다. 결

당신의 마음을 진단해 드립니다

국 막혀버린 감정이 누적되고 감당할 수 없는 지경까지 이르면 모든 것을 포기하고 자포자기 상태에 빠지게 됩니다. 바람에 흔들리지만 절대로 꺾이지 않는 갈대와 약한 바람에는 견디지만 심한 바람이 불면 뚝 부러지는 나무를 비교하면 쉽게 이해할 수 있습니다.

여성들은 눈물을 흘리면서 힘든 감정을 털어낼 수 있는 기회가 있기 때문에 절대 부러지지 않을 수 있습니다. 마찬가지로 눈물을 자주 흘리는 남성들은 인간이 갖고 있는 공감 능력이 뛰어난 사람일 뿐 약한 것은 아닙니다. 도리어 눈물로 인해 강해질 수 있는 잠재력이 있는 것입니다. 눈물이 많은 사람은 감정의 통로를 항상 열어놓고 있기 때문입니다.

그러니 남자들도 눈물을 흘려야 할 때는 실컷 울어야 합니다. 그렇게 해야 내면에 쌓인 스트레스가 풀어지고 자신의 내면에 진정 다가갈 수 있으며 자신과 타인에게 솔직해질 수 있습니다. 눈물을 흘리는 것이 약한 것이 아니라 눈물을 흘리지 않으면서 자신의 감정을 드러내지 않고 항상 강한 척하는 것이 약한 것입니다. 남의 시선을 의식하지 않고 내 감정을 털어놓는 사람이 자신에게 솔직하고 더 강한 사람이라 할 수 있습니다.

〈소년은 울지 않는다〉에서 티나를 만났던 여성들은 티나에 대해 이렇게 평가했습니다.

"내가 만난 남자 중에서 그는 가장 좋은 남자였어요."

마음상담소

우리는 어린 시절부터 많은 것을 학습하며
그것을 그대로 받아들입니다.
여기에는 유용한 것도 있지만,
매우 위험하고 폭력적인 것도 포함됩니다.
편견이 바로 그것인데,
가장 폭력적인 편견은 남성과 여성의 편 가르기입니다.
여자는 이러이러해야 한다,
남자는 이러이러해야 한다가 아니라
자신의 감정에 충실하게 살면 됩니다.

자신의 감을 믿으시나요?

뭔가 내게 나쁜 일이 닥칠 것 같은 예감이 드는 날에 안 좋은 일이
생긴 경험을 한 번쯤 해보셨을 것입니다. 비행기를 타기 전 예감이
너무 안 좋아서 비행기를 타지 않았는데 그 비행기가 사고를 당했
다는 이야기도 우리는 가끔 접하게 됩니다. 그렇다면 과연 느낌이
나 직관을 믿는 것은 비합리적이며 미신적인 행동일까요?

한때 세계적으로 큰 인기를 끈 〈X 파일〉이라는 드라마가 있습니
다. 이 드라마가 인기를 끈 이유 중의 하나는 명확한 결말을 내놓지
않았다는 점을 들 수 있습니다. 이를 통해 시청자들은 아리송한 결
말을 나름대로 해석하는 재미를 느꼈습니다. 인간은 어떤 대상에
대해 모르는 것이 있어야 그 대상에 대해 흥미를 느끼며 무의식적

으로 상상하게 됩니다. 마치 달에 우주선을 보내기 전까지 달에 대한 동경과 많은 이야기를 만들고, 경외의 대상으로 삼은 것처럼 무의식적인 투사는 인간의 감정과 생각을 풍부하게 합니다.

그런데 현대 사회는 모든 현상과 사물에 대해 현미경을 들이대고 인과관계를 지나치게 밝혀버려 인간의 무의식적인 상상력은 대상을 찾지 못하고 있었습니다.

이때 외계인과 UFO를 새로운 대상으로 삼은 〈X 파일〉은 새로운 상상의 나래를 펼 수 있는 기회를 제공해주었고, 사람들은 그 드라마를 통해 만족감을 충족할 수 있었습니다.

이 드라마의 또 다른 인기 비결은 두 주인공의 역할과 상반된 성향을 꼽을 수 있습니다. 의학을 전공했으며 항상 이성적인 판단을 하는 스컬리와 직관적이고 감성적인 판단을 하는 멀더가 사사건건 충돌하면서 사건 해결에 재미를 더합니다. 이 드라마는 이 두 개의 축을 통해 인간이 어떻게 생각하는가를 보여준다는 점에서도 눈여겨볼 만합니다.

남자 주인공 멀더는 사건을 해결하기 위해 직관을 이용합니다. 그는 논리적인 근거 없이 자신의 느낌에 의존해 사건에 매달립니다. 그로 인해 이성적이며 과학적인 근거가 있어야 한다고 믿는 스컬리와 항상 의견 충돌이 일어납니다.

그런데 〈X 파일〉을 보면서 느끼는 것은 멀더가 사용하는 직관이 대부분 옳다는 것입니다. 그리고 스컬리의 이성적인 판단은 항상

당신의 마음을 신단해 드립니다

멀더의 판단력에 과학적인 근거만 제시할 뿐입니다. 이성이 직관의 시녀 역할을 하는 것입니다. 사실 우리의 사고 체계도 이와 비슷합니다. 우리는 직관적인 판단을 하고 나서 이것이 맞는지를 알기 위해 이성적인 근거를 찾습니다.

과학적인 사고가 확립되지 않았던 시대에 사람들은 정신질환자는 귀신이 씐 거라 여겼으며, 페스트 같은 질병은 마녀가 퍼뜨린다고 생각했고, 일식이 생기는 것은 커다란 개가 태양을 물고 있다가 뱉어내기 때문이라고 생각했습니다. 그러나 사고의 혁명을 일으킨 과학적인 사고는 이제 인간의 사고를 완전히 지배하는 보편적인 방식으로 자리 잡고 있습니다. 사람들은 어떤 일이든 원인이 있어야 결과가 있다고 믿고 있으며, 근거가 미약하면 그 사실을 믿으려 하지 않습니다. 예를 들어 사과가 땅에 떨어지는 것은 만유인력의 법칙 때문이고, 해가 뜨고 지는 것은 지구의 자전 때문이며, 계절이 바뀌는 것은 지구의 공전 때문인 것과 같이 반드시 어떤 일에는 원인과 결과가 있어야 한다고 믿습니다.

이런 선형적인 사고의 원조는 프랑스의 합리주의 사상가인 르네 데카르트에서 비롯되었습니다. 더 거슬러 올라가면, 합리주의 자체도 고대 그리스의 지적인 전통에 바탕을 두고 있습니다. 하지만 고대 그리스는 합리적인 사고만 존재했던 곳은 아닙니다. 우리가 지금은 비합리적이고 비논리적이라고 생각하는 델피의 신탁이 공존했던 곳이기도 합니다. 그 당시 국가의 중요한 결정을 내려야 하거나 병이 언제 치유될 수 있을지 궁금할 때 사제는 사원에서 깊은 잠을 자고 일어나 자신이 꾼 꿈을 해석해서 답을 알려주기도 했습니다. 이를 통해 고대 그리스인들은 이성적 사고는 불완전하기 때문에 직관력이 뒷받침되어야 완벽해진다고 생각했음을 알 수 있습니다.

오늘날에는 과학적인 사고로 인해 알 수 없는 나쁜 일들이 생기면 모두 귀신이나 마녀에게 원인을 돌리던 데서 벗어났으며, 이로 인해 많은 사람이 억울하게 희생되는 일은 사라졌습니다. 반면 과학적인 사고는 인간의 느낌이나 직관력은 신뢰할 수 없다고 단정지어 많은 사람이 느낌이나 직관을 믿는 사람들을 비하하기 시작했습니다. 느낌이나 직관을 믿는 사람들을 이성적이지 못하고 비논리적이며, 대충 사는 사람쯤으로 간주합니다. 왜냐하면 느낌이나 직관은 인과관계의 법칙에 위배되기 때문입니다.

논리적이고 이성적인 사고는 어떤 정보와 근거를 바탕으로 추리하고 결론을 이끌어내지만, 직관이나 느낌은 논리적인 단계 없이 단번에 결론에 이릅니다. 우리는 충분히 객관적인 근거가 있는 것을 선택하거나 예측하는 것을 선호하는데, 느낌이나 직관은 이런 근거를 대지 못하기 때문입니다.

하지만 그렇게 평가하는 사람조차 자신이 무의식적으로 느낌이나 직관을 사용하고 있다는 사실을 의식하지 못합니다. 예를 들어, 자신이 사업을 새로 시작하려 한다고 해 보죠. 여러 가지 사업에 대

당신의 마음을 진단해 드립니다

한 제의가 들어왔을 때 일단 각 사업이 갖는 장단점을 살펴보게 됩니다. 자신이 제의받은 사업들이 장래성이나 비용, 수익 창출 면에서 비슷비슷하다면 어느 것을 선택할까요? 이때 대부분의 사람들은 직관이나 느낌에 따릅니다. 뭔지 모르게 더 끌리고, 하고 싶은 사업을 결정하는 것입니다.

이런 직관이나 느낌을 아예 판단의 도구로 명시하는 경우도 있습니다. 정신과에는 환자를 면담할 때 수칙이 있습니다. 교과서에 치료자에 대한 느낌을 중요하게 여기라는 대목이 있는데, 환자와 면담 중 환자가 치료자에게 폭력을 휘두를 것 같은 '느낌'이 들 때는 면담을 중단하라고 적혀 있습니다.

의사들의 경우 느낌이나 직관으로 모든 진단을 내리는 것은 아니지만 어떤 검사를 해도 환자의 병명을 모를 때 자신도 모르게 직관을 사용합니다. 어떻게 보면 일단 의사의 객관적인 지식과 직관으로 진단을 한 후, 자신이 생각하는 진단을 확인하기 위해 검사를 하는 것입니다. 무조건 투망식으로 아무 검사나 하게 되면 비용도 만만치 않으며 불필요한 검사를 시행하게 되어 환자에게 경제적, 심리적, 육체적인 고통을 안겨주는 경우가 많기 때문입니다.

증권 전문가들의 경우, 특히 조지 소로스는 공공연하게 직관을 이용해서 종목을 선택한다고 알려져 있습니다.

한편 우리는 느낌이 안 좋은 사람을 만나는 경우가 있습니다. 이때 이유는 잘 모르겠지만, 그런 느낌을 풍기는 사람은 경계해야 될 것 같다고 생각합니다. 이후 시간이 지나고 자신의 느낌이 들어맞는 것을 보면 뚜렷한 근거가 없이도 느낌이나 직관은 자신에게 안 좋은 일이나 위험한 인물에 대한 평가를 내리고 자신에게 조심하라는 경고를 보낸다는 것을 알 수 있습니다.

사실 과학적인 사고는 100여 년 남짓한 시간 동안 우리의 사고를 지배했을 뿐, 그 이전의 수많은 시간 동안 직관과 느낌은 인간의 사고 체계에서 중요하게 자리 잡고 있었습니다. 느낌이나 직관을 중요시한다는 것은 자신의 감정 상태와 내면에 대해 관심이 많다는 것을 의미합니다. 또한 이를 통해 인생에서 벌어지는 여러 가지 일들을 겸허하게 받아들일 수 있는 계기가 되는 것도 사실입니다. 그래서 이성과 느낌, 직관 사이에 균형을 가질 때 더 정확한 판단을 내릴 수 있습니다.

느낌이나 직관은 분명 이성에 뒤지지 않는 판단도구입니다. 이런 좋은 판단도구를 잘 사용하는 사람들은 자신이 감에만 의지하는 사람이라고 생각할 필요는 없습니다. 직관이나 느낌의 정확도는 이성적인 판단력에 뒤지지 않기에 이성적인 판단과 직관 그리고 느낌, 이 세 가지를 모두 활용할 수 있다면 더 좋은 아이디어와 결정을 내리는 도구를 갖게 되는 것입니다.

　당신의 마음을 진단해 드립니다

마음상담소

느낌이나 직관을 중요시한다는 것은
자신의 감정 상태와 내면에 대해 관심이 많다는 것을 의미합니다.
또한 이를 통해 인생에서 벌어지는 여러 가지 일들을
겸허하게 받아들일 수 있는 계기가 되기도 합니다.
그래서 이성과 느낌, 직관 사이에 균형을 가질 때
더 정확한 판단을 내릴 수 있습니다.

죽음을 생각하면 삶의 행복이 보입니다

티베트 사람들은 평생 죽음을 준비하며 삽니다. 그들의 소원은 편안함 속에서 아무런 두려움 없이 죽음을 맞는 것과 윤회의 굴레에서 벗어나는 것입니다. 그들은 항상 죽음을 명상하고 떠올리며 살아갑니다. 그래서 그들에게는 죽음에 대한 책도 존재합니다. 바로 《티베트 사자(死者)의 서》로 《이집트 사자의 서》와 함께 죽음을 맞이한 뒤 어떻게 행동해야 하는지 알려주는 책입니다. 두 민족 모두 죽음에 대한 관심이 남달랐음을 알 수 있습니다. 그래서 고대 이집트인들은 내세에 대한 희망을 안고 미라를 만들었던 것입니다.

티베트 사람들이 너무 지나치게 죽음에 대한 준비를 하니 사는 것에 별다른 관심이 없다고 생각할 수 있습니다. 그런데 아이러니

당신의 마음을 진단해 드립니다

하게도 죽음을 떠올릴수록 유한한 인간의 삶은 더욱 가치를 발휘하게 됩니다. 죽음을 떠올림으로써 인생의 참 진리를 깨닫게 되기 때문입니다.

만약 내가 내일 죽는다면 어떨까 하고 한번 생각해 보세요. 돈, 명예, 지위 등 어떤 것도 중요하지 않게 생각될 것입니다. 죽음을 앞둔 사람들은 더 돈을 벌고 싶다거나, 더 높은 지위를 가지고 싶다거나, 더 큰 명예를 얻고 싶어 하지 않습니다. 단지 죽기 전까지 행복하게 사는 것을 바랄 뿐입니다.

그래서 티베트 사람들은 죽음을 떠올리면서 자신에게 행복한 것이 무엇인지, 무엇이 내게 행복을 가져다줄 수 있는지 생각하면서 일생을 보냅니다. 그러다 보니 그들은 자연스럽게 눈에 보이는 것에 대한 집착에서 벗어나 눈에 보이지 않는 마음의 평화에 관심을 갖습니다.

죽음은 언제 어디서 우리에게 닥칠지 모릅니다. 그리고 죽음은 태어남과 마찬가지로 누구나 필연적으로 맞이하게 됩니다.

어느 날 죽음이 다가왔다는 선고를 받는 경우가 있습니다. 그런 사람들의 마음은 과연 어떨까요? 그들은 갑작스레 자신이 이 세상에서 떠나야 한다는 생각에 황망하고 경황이 없고 당황스러울 것입니다. 지금 이 순간 뭘 해야 하지 생각할 수도 있고, 아무것도 하고 싶지도 않고 그저 슬픔과 절망 속에 빠질 수도 있습니다.

우리에게 죽음을 맞기 전에 자기가 진정 하고 싶은 것을 빨리 하라는 메시지를 던져주는 영화가 있습니다. 〈버킷리스트 : 죽기 전에 꼭 하고 싶은 것들〉이라는 영화입니다.

죽음을 앞둔 두 명의 노인이 있습니다. 엄청난 갑부인 에드워드와 평범한 자동차 엔지니어로 평생을 보낸 카터는 우연히 같은 병실에 입원하고, 둘 다 시한부 삶을 선고받습니다.

에드워드는 시한부 선고를 받고 잠을 이루지 못합니다. 그동안 돈으로 해결하지 못했던 것이 없었고 자신 앞에서 굽신대지 않는 사람이 없었으나 죽음의 신만은 그 앞에서 도도한 자세로 목숨을 내놓으라고 합니다. 카터는 원래 역사학 교수가 되고 싶었으나 가족의 생계를 책임져야 했기에 할 수 없이 평생 자동차 기름을 손에 묻히며 살았습니다. 그에게는 사랑하는 아내와 자녀들이 있으며 그는 나름대로 행복한 가정을 꾸리며 살아왔습니다. 반면 에드워드는 네 번이나 결혼을 했지만 주변에 남아 있는 사람이 하나도 없습니다. 유일한 혈육인 딸이 있지만, 그는 딸과 등을 지고 사는 바람에 외톨이 신세입니다.

이렇게 대조적인 환경의 두 사람이 '그래 이제 죽을 목숨, 해볼 것 다 해 보고 죽자'는 생각으로 버킷리스트를 작성합니다. 죽기 전에 하고 싶은 것들을 다 적어서 해 보자는 것입니다. 그들은 처음 스카이다이빙을 하고, 이집트의 피라미드를 구경하고, 몰고 싶어 하던 자동차를 운전하기도 합니다.

하지만 그동안 자신이 하고 싶었으나 해 보지 못한 일을 했다고

당신의 마음을 진단해 드립니다

해서 정말 죽음을 앞두고 행복해질 수 있을까요? 잠시 동안 죽음을 잊는 방법일지는 몰라도 죽음을 편안하게 맞을 것 같지는 않습니다. 물론 죽음을 앞둔 두 사람은 자신이 하고 싶었던 것을 통해 우정을 쌓아가고 죽음의 동반자로서 위로를 받습니다.

죽음을 편안하게 받아들이는 방법은 마음을 여는 수밖에 없습니다. 죽음을 남들에게나 일어나는 일쯤으로 여긴다면 죽음은 더 큰 힘을 얻어 우리의 영혼을 공포에 떨게 합니다. 하지만 죽음도 태어나는 것처럼 삶의 일부라는 생각을 가지면 죽음의 공포는 조금씩 뒷걸음질치게 됩니다. 더욱이 인간 안에 존재하는 자애와 사랑의 마음을 열 수 있다면 죽음의 두려움은 더욱 멀리 물러갈 수밖에 없습니다. 죽음을 좋아하는 사람은 아무도 없을 것입니다. 모두 죽음을 두려워하며 피하고 싶지만 죽음은 짧은 시간에 우리의 마음을 성숙시키는 좋은 역할을 하기도 합니다.

죽음을 앞두면 우리가 행복하기 위해 꼭 필요하다고 생각하는 돈, 지위, 명예가 자신을 행복하게 해주지 못했다는 것을 깊이 깨닫게 됩니다. 그리고 무엇이 나를 행복하게 해줄 수 있는지 돌아보게 됩니다. 왜냐하면 지금 닥쳐오는 죽음의 공포를 이겨내고 싶기 때문입니다. 자신이 그동안 돌보지 않았던 자신의 마음에 처음으로, 또 진정으로 귀를 기울이는 계기가 죽음과 맞닥뜨릴 때입니다.

사실 마음은 항상 우리에게 어떻게 하면 행복하게 살 수 있는지 가르쳐주고 있었습니다. 하지만 우리는 전혀 그 말에 귀를 기울이지 않고 지냈을 뿐입니다. 그러나 얼마 남지 않은 시간 동안 마음에 귀를 기울인다면 마음이 알려주는 해답을 들을 수 있습니다. 삶과 죽음은 둘 다 인생의 한 부분을 차지하고 있다고 들려줄 것입니다.

우리 삶은 생로병사라는 통과의례를 모두 거쳐야 완성됩니다. 그것을 인정하면 그동안 하찮게 여겼던 내면의 가치가 드디어 빛을 발하게 됩니다. 그동안 별로 관심을 갖지 않았던 인간에 대한 사랑과 자애의 마음이 자신을 행복하게 해준다는 것을 깨닫게 됩니다. 또한 그동안 돌보지 못했거나 관심이 없었던 가족들에 대한 사랑과 연민의 마음이 흘러나오기 시작하고, 가족을 넘어 자신처럼 고통을 받는 다른 사람들을 돕고자 하는 마음이 생겨날 수도 있습니다. 자신이 '행복을 추구하고 고통을 피하고 싶어 하는 존재'인 것처럼 다른 사람들도 그런 생각을 가진 '동료'라는 생각을 갖게 됩니다. 그러면서 다른 사람에 대한 이해의 폭은 넓어지고 죽음을 앞두고 내가 할 수 있는 것은 다른 사람을 사랑하고 존중해 자신이 행복해질 수 있다는 것을 깨닫습니다.

에드워드는 그동안 등을 지고 살았던 딸을 만나고, '세상에서 제일 예쁜 소녀와 키스하기'라는 버킷리스트의 한 과제를 수행합니다. 그 상대는 바로 에드워드의 외손녀였습니다.

이 영화에는 우리를 일깨워주는 상징이 하나 있습니다. 영화의 첫 장면에서 카터가 담뱃재를 떠는 커피 깡통이 나옵니다. 이 깡통에는 촉 풀 오너츠(Chock Full O'Nuts)라는 상표가 붙어 있습니다. 이

당신의 마음을 진단해 드립니다

상표는 윌리엄 블랙이라는 러시아 이민자가 처음으로 세운 커피 체인점입니다. 이후 그는 1961년 인스턴트 커피를 자신의 상표인 촉 풀 오너츠라는 이름으로 판매합니다.

에드워드가 처음 등장하는 장면에서도 코피 루왁(Kopi Luwak)이라는 커피가 등장합니다. 에드워드는 자신이 소유하고 있는 병원 이사회에서 코피 루왁을 마시며 자부심과 오만함을 드러냅니다. 코피 루왁은 세상에서 제일 비싼 커피로 꼽힙니다.

코피 루왁이 비싼 이유는 생산량이 극히 적기 때문인데 인도네시아, 자바 지방에서 야생으로 사는 사향고양이가 이 커피를 만듭니다. 이 고양이가 커피열매를 먹으면 익은 열매 껍질을 제외한 딱딱한 씨 부분은 소화되지 않고 배설되는데 이 씨를 원료로 만듭니다.

한 사람은 빈 커피 깡통에 담뱃재를 떨고, 다른 한 사람은 세상에서 제일 비싼 커피를 음미하는 장면으로 등장합니다.

버킷리스트 중 하나인 '눈물이 날 정도로 크게 웃기'는 코피 루왁의 유래를 카터가 에드워드에게 이야기해주고, 에드워드는 자신이 좋아하는 커피가 사향고양이 똥으로 만들어졌다는 사실을 그제야 알고 카터가 이를 이야기하며 서로 박장대소하며 이루어집니다.

에드워드와 카터가 작성한 버킷리스트 중에는 '장엄한 광경 보기'도 있는데 영화의 마지막 장면에서 에드워드를 따라다니던 비서가 히말라야의 한 산꼭대기에 올라가 에드워드의 유골을 넣는 것으로 그들의 마지막 리스트가 이루어집니다. 둘은 유골이 되어 축 풀 오너츠 상표의 커피 깡통에 담겨 나란히 안치됩니다.

그들의 유골이 축 풀 오너츠라는 커피 깡통에 담겨 산꼭대기에 묻히는 것은 인생이란 코피 루왁 같은 고급스러운 커피가 아니라 축 풀 오너츠라는 흔하디 흔한 인스턴트 커피와 같음을 상징하는 것으로 볼 수 있습니다.

코피 루왁을 음미하려면 값비싼 커피가 필요하지만 인스턴트 커피는 어디에나 있는 인스턴트 커피 한 봉지와 뜨거운 물만 있으면 됩니다. 그처럼 우리 인생은 복잡하게, 또 값비싼 것을 통해 음미되는 것이 아니라 주변에 널려 있는 아주 흔한 것에서 충분히 음미될 수 있음을 상징합니다. 그래서 현자들은 이런 말을 남겼습니다.

"삶을 단순하게 살되, 사색은 심오하게 하라."

결국 행복은 화려하고 멋진 삶이 아니라 단순한 삶에서 찾아오기 때문입니다.

당신의 마음을 진단해 드립니다

마음상담소

우리 인생은 복잡하게, 또 값비싼 것을 통해
음미되는 것이 아니라 주변에 널려 있는
아주 흔한 것에서 충분히 음미될 수 있습니다.
행복은 화려하고 멋진 삶이 아니라
단순한 삶에서 찾아오기 때문입니다.
인생은 시작이 있듯이 끝이 있습니다.
죽음도 삶의 일부입니다.
죽음이 있기에 우리는
삶을 더 소중하게 여길 수 있습니다.

제2부

내 맘대로 안 되는 내 마음 관리하기
감정에 대처하는 마인드 솔루션

매일매일 자신의 가치를 찾아보기

잃을 게 많을수록 우리는 행복하지 않습니다. 잃을게 적을수록 오히려 좀 더 행복해질 수 있습니다. 물론 성공한 사람 중에는 자리에 연연하지 않고, 돈에 연연하지 않는 사람들도 있습니다. 하지만 그런 사람들은 사실상 극소수입니다. 세상의 성공이란 가속도가 붙게 되면 그 가속도를 이겨낼 수 있는 사람은 드뭅니다. 그 자리를, 그 돈을 지켜내고 더 많은 것을 얻고 싶고, 더 높은 자리로 가고 싶어지는 게 인지상정입니다. 그러다 보니 마음은 항상 갈급하고 불안하고 걱정이 가득합니다.

우리의 욕망과 욕심은 한도 끝도 없습니다. 욕망은 마치 목이 말라 마시는 바닷물과 같습니다. 마시면 마실수록 더 갈증이 생기고,

당신의 마음을 진단해 드립니다

그 갈증은 더 심한 갈증을 불러옵니다. 그리고 결국에는 죽게 되는 것입니다. 우리 인간의 욕심과 욕망을 그대로 보여주는 것이 바로 지구온난화와 바이러스의 창궐입니다. 당장의 편리함과 편안함을 위해 자연을 마구 훼손하고 소비함에 따라 돌이킬 수 없는 결과를 낳았고, 결국 인류 전체가 큰 피해를 입고 말았습니다.

〈매트릭스〉란 영화에서는 인간을 바이러스에 비유하고 있습니다. 숙주가 죽을 줄 알면서 그 숙주를 먹어치우는 바이러스 말입니다. 그런데 문제는 숙주가 죽으면 바이러스도 같이 죽는다는 것입니다. 그래서 우리는 괴롭지 않으려면 욕심과 욕망을 많이 줄여야 합니다. 그렇지 않으면 그 욕망의 불꽃이 자기 자신을 태우는지도 모른 채 욕망을 성취하기 위해 끝없이 달려가게 됩니다.

욕심과 욕망은 만족하는 법이 없습니다. 항상 더 많은 것, 더 높은 곳, 더 크고 화려한 것을 원하기에 우리 몸과 마음을 혹사합니다. 그래서 항상 우리를 불만족과 고통 속에 놓이게 합니다. 내가 무언가 성취를 해도, 내가 더 높은 지위에 올라도 욕심과 욕망은 만족하지 않고 더 많이 더 높이 더 크게 나아가라고 채찍질합니다. 그리고 현재를 희생시킵니다. 가장 행복해야 할 현재를 좀먹는 것이 바로 욕심과 욕망입니다. 욕심과 욕망은 언제나 미래를 강조합니다. 너 높은 지위에 오르면 행복해질 거야, 더 큰 집으로 이사 가면 그때 행복해질 거야, 재산이 더 늘어나면 그때 정말 행복해질 거라고 우리를 몰아붙입니다. 그래서 우리는 오지 않은 미래에 행복을 저당잡힌 채 살아가게 됩니다. 하지만 실제로 존재하는 것은 바로 현재입니다. 과거는 이미 지나갔고, 미래는 아직 오지 않았습니다.

그래서 삶에서 괴로움을 덜어내고 멀리하는 방법은 욕심과 욕망을 내려놓는 것입니다. 욕심과 욕망은 만족을 모르기 때문에 우리를 항상 목마른 상태에 놓이게 만듭니다. 그런 삶은 삭막하기 이를 데 없습니다. 또한 욕심은 우리로 하여금 이런저런 일을 벌이도록 합니다. 무리하게 사업을 벌여서 돈을 날리거나 빚을 진 경험을 가진 분들이 있을 겁니다. 바로 욕심이 그렇게 이끈 것입니다. 재산과 돈을 잃어 삶이 힘들어진 다음에야 우리는 자신의 욕심이 화근이었다는 것을 깨닫게 됩니다.

욕심과 욕망만큼 우리를 괴롭게 하는 또 한 가지가 있습니다. 그 것은 바로 불만족입니다. 불만족은 욕심, 욕망과 동전의 양면과도 같습니다. 욕심과 욕망이 우리를 항상 불만족으로 몰아넣기 때문입니다.

한번은 진료실로 이런저런 일로 너무 화가 나고 억울하다고 찾아온 분이 있었습니다. 그분은 전문직에 종사하고, 배우자와의 관계도 크게 문제가 없으며, 자식들도 문제없이 잘 크는 별 문제가 없어 보이는 분이었습니다. 그래서 제가 되물었습니다. "이런저런 일로 힘들고 어렵겠지만, 그렇다면 감사할 일은 없으신가요?" 그러자 그분이 말을 잇지 못했습니다. 감사한 일은 한 번도 생각해 본 적이 없기 때문입니다. 남들과 비교해서 이런저런 것들이 항상 부족하고

당신의 마음을 진단해 드립니다

모자라고 억울하다고 생각했을 뿐, 감사하게 여길 것은 한 번도 생각해 보지 않았던 것입니다. 그분은 남들이 보기에는 모자랄 것이 없는 사람입니다. 좋은 직업에 자신도 배우자도 자식도 건강하고 각자 자기 길을 잘 가고 있는 문제가 없는 가정입니다. 하지만 감사할 일은 없는지 한 번도 생각해 보지 않았기 때문에 자신의 삶은 항상 모자라고 불만족스럽다고 여긴 것입니다.

어느 누구든 자신이 가진 것에서 감사할 것을 찾기는 그다지 어렵지 않습니다. 하지만 감사할 만한 것은 전혀 생각지 않고 남들이나 외부만을 쳐다보기에 자신은 불행하다고 느껴지는 것입니다. 그리고 이러한 생각은 삶에 악순환을 가져다줍니다. 그러나 작은 일에도 감사할 줄 알면 우리는 마음의 여유를 가질 수 있고, 세상이 정해놓은 잣대와 상관없이 행복할 수 있습니다.

그러나 불만족은 그 자체에서 그치지 않고 분노와 화를 불러옵니다. 자기 인생이 불만족스러우면 성격은 강퍅해지고, 삶에 여유가 없게 됩니다. 그래서 다른 사람에게 그런 불만족을 투사하고 자신을 무시하는 건 아닌지 피해의식도 생기게 되어 타인에게 관대하지 못합니다. 그러다 보면 타인에게 쉽게 화를 내게 됩니다. 화를 내고 나서 그 화의 흥분이 가라앉을 때쯤이면 사람들은 대개 후회를 하며 자책을 하게 됩니다. 그러나 자신의 삶이 만족스럽다면 자연스럽게 마음이 너그러워져 남들에게도 친절하게 대합니다. 또한 감사의 마음이 흘러넘치면 주변 사람들에게도 관대할 뿐만 아니라 다른 사람의 실수나 잘못에 대해서도 관대해집니다.

그리고 자신이 가진 욕심과 욕망, 분노와 화가 자신을 괴롭히고 있다는 것을 아는 것이 삶의 괴로움에서 벗어나는 길입니다. 그것이 바로 지혜입니다. 또한 진정한 행복이 무엇인지 아는 것이야말로 삶의 괴로움에서 벗어나는 첫걸음입니다. 그래서 세상에서 말하는 진리에 대해 의심을 품고 의구심을 품어야 합니다. 그리고 나답게 사는 것이 어떤 것인지, 내가 무엇을 했을 때 정말 행복했는지 항상 생각해 봐야 합니다.

우리는 어릴 때부터 유능하고 쓸모 있는 존재가 되라고 교육받아 왔습니다. 하지만 아무것도 하지 않아도, 그리고 세상의 가치와 반대로 가더라도 우리의 존재 가치는 변하지 않습니다. 사회의 잣대로만 자신을 평가해서는 안 됩니다. 그것은 사회가 만들어놓은 사회의 기준일 뿐입니다. 우리 각자는 각자의 존재 가치를 갖고 있습니다. 이렇게 사회의 기준이 아닌 자신의 존재 가치를 인정해야 삶에서 자신의 가치를 발견하고 더욱 발전시켜 나갈 수 있습니다.

미얀마의 조티카 큰스님이 지인들에게 한 조언을 담은 편지글 모음집인 《여름에 내린 눈》에 다음과 같은 문구가 있습니다. 마음을 다스리는 데 도움이 되리라 생각합니다.

과거를 돌아보지 말고
미래에 희망을 품지도 말라

당신의 마음을 진단해 드립니다

과거는 이미 지나갔고,
미래는 아직 오지 않았다
매순간 현재 일어나는 것을
통찰력을 갖고 보라
굳세게 흔들림 없이
이것을 알고 이것을 확신하라
그러므로 부지런히 , 끈질기게
매일 낮, 매일 밤을 이렇게 사는 이
그는 지복한 하룻밤을 보내는
평화로운 성자라고 불린다.

마음상담소

우리를 괴롭게 하는 원인 중의 하나가 욕심과 욕망이라면,
우리를 괴롭게 하는 또 한 가지가 있습니다.
그것은 바로 불만족입니다.
불만족은 욕심, 욕망과 동전의 양면과도 같습니다.
욕심과 욕망이 우리를 항상 불만족으로
몰아넣기 때문입니다.

좋고 나쁜 일을 그대로 받아들여
마음의 균형을 유지하기

중국에서는 인생을 문틈으로 말을 타고 달리는 사람을 지켜보는 것처럼 빠르다고 비유합니다. 삶이 그만큼 빨리 흘러간다는 의미입니다. 천상의 시간은 인간의 시간과 다르다고 합니다. 천상에서 볼 때 지상의 100년은 천상에서는 한 시간도 되지 않는다고 합니다. 그렇게 짧은 인생을 사는데도 우리는 수많은 고통, 고민, 걱정을 안고 살아갑니다. 이제는 과거에 비해 어린 시절부터 경쟁하고, 또 은퇴 이후의 기나긴 삶도 철저히 대비해야 합니다. 그러니 많은 사람이 더 많은 긱징과 고민을 하지 않을 수 없습니다.

　제가 어린 시절만 해도 나름의 낭만이 있었습니다. 동화책을 보면서 아름답고 멋진 미래를 그리며 자신은 무엇이든 될 수 있다고 꿈꾸었습니다. 그 시절만큼은 현실에서 벌어지는 고통과 고민은 전혀 생각지 않던 시기였습니다. 그런데 갈수록 어린 시절부터 경쟁으로 내몰리고 있습니다. 초등학교 들어가기 몇 년 전부터 사교육을 받고, 초등학교 때도 열심히 영어를 공부하고 선행학습을 하고, 하루 종일 이 학원 저 학원으로 다니느라 파김치가 되어 집에 돌아옵니다.

과거에는 초등학교 때 사교육이 없었습니다. 시험 전에 열심히 공부하고 나머지 시간은 뛰어놀기에 바빴습니다. 엄마가 저녁 먹으라고 부를 때까지 밖에서 신나게 노는 것이 일과였습니다. 그런데 시대가 바뀌어 어린 시절부터 지나치게 경쟁의식을 갖고 공부 때문에 크게 스트레스를 받고, 공부시간이 너무 많은 것이 심각한 후유증을 낳고 있습니다.

뇌가 어린 시절부터 너무 과열되고 혹사당하다 보니 이전에는 볼 수 없었던 현상들이 두드러지게 나타나고 있습니다. 공황장애와 같은 성인병이 청소년기에 나타나고, 청소년 우울증이 크게 증가했습니다. 그리고 20대의 불안장애나 우울증도 흔한 현상이 되었습니다. 이는 너무 어린 시절부터 받은 스트레스로 인해 눈에 보이지 않는 뇌손상이 생긴 것으로 볼 수 있습니다. 그래서 우울증, 불안장애, 공황장애에 아주 취약하게 되고 말았습니다. 아주 어린 시절부터 뇌를 힘들게 하니 결국 탈이 날 수밖에 없습니다.

시대적, 사회적 영향으로 우리는 갈수록 다양한 고통과 고민, 격

당신의 마음을 진단해 드립니다

정들에 휩싸일 수밖에 없습니다. 그렇다면 어떻게 사는 것이 나를 지키는 길일까요?

첫째, 텔레비전이나 영화 속에 등장하는 행복한 가정, 이상적인 삶, 뜻대로 무엇이든 이룰 수 있는 주인공들은 잊어버리십시오. 우리가 현실에서 부닥치는 문제는 너무나 복잡하고, 예측불가능하며, 어떤 일이 생길지 모르기 때문입니다. 위만을 쳐다볼수록 자신의 인생에서 사건사고가 일어날 때마다 낙담하고, 실망하고, 좌절하게 됩니다. 그리고 내 인생은 왜 이렇게 꼬이는 건지 이해할 수가 없으며, 갈수록 불행감이 깊어질 것입니다.

둘째, 자신만 예외라는 생각은 하지 마세요. 자신도 큰 병에 걸릴 수 있고, 회사에서 정리 대상이 될 수 있으며, 자식이 속을 썩일 수도 있고, 사고로 인해 크게 다칠 수도 있으며, 보이스피싱의 피해자가 될 수도 있습니다. 또 언제라도 뉴스에서 나오는 사건의 주인공이 될 수 있습니다. 우리는 뉴스에 나오는 사건이나 사고가 남의 일이라고 생각할 뿐 자신에게 설마 닥칠 거라고는 생각하지 않습니다. 아니 어느 누구도 그것을 바라지 않습니다.

그래서 우리는 큰 성공을 이루고 잘 되기만을 하나님께 기도하고 부처님께 빕니다. 그러나 그것보다 더 중요한 것은 있는 현실을 제대로 바라보고 진정한 행복을 가려내는 일입니다. 그러한 가치관이 형성되어야 험난하고 울퉁불퉁한 우리 삶을 완주할 수 있습니다. 인생에서 벌어지는 어떤 일도 나는 맞으면서 가겠다고 각오할 때 우리는 도리어 강해집니다. 그리고 난관에 부닥치는 과정을 겪으며 허상과 진정한 행복을 구분할 수 있게 됩니다. 우리 삶은 장밋빛의 달콤한 인생이 아니라 사건 사고가 끊임없이 일어나는 과정임을 인식해야 어떻게 하면 이런저런 불행한 일들 틈에서 내가 살아갈 수 있고, 그 와중에서 흔들리지 않고 좀 더 편안하게 그런 일들을 받아들일 수 있을까 하고 생각을 하게 됩니다. 그러면 우리는 그 모든 것이 마음에서 비롯됐다는 것을 점점 깨닫게 됩니다.

좋은 일이 있다고 크게 기뻐하고 우쭐해질 필요도 없고, 안 좋은 일이 있다고 해서 금방 풀이 죽고 인생이 끝났다고 생각할 필요가 없음을 알게 됩니다. 그것이 생로병사의 과정에서 맞닥뜨리고 겪어야 할 당연한 일들이라는 생각이 바로 우리가 힘들고 고통스런 일들에 직면했을 때 마음이 편해지는 시작점이 됩니다. 그리고 어떤 사건이나 사고가 일어났을 때 내 마음이 거기에 얼마나 반응하지 않느냐에 따라 그 일들이 별일 아닌 것으로 여겨질 수 있으며, 어떤 일들이 일어나도 그저 무심히 넘어갈 수 있게 됩니다. 그리고 물질적인 만족을 추구하는 것에서 벗어나 마음을 강하게 하고 싶어지고, 마음을 유연하고 평온하게 유지하고 싶어지게 됩니다. 그런 과정을 거쳐야 우리는 다사다난한 삶을 편안하게 건너갈 수 있습니다.

행복하게 사는 것은 결코 쉽지 않지만, 하나를 바꾸면 쉬워집니다. 바로 우리의 마음가짐입니다.

당신의 마음을 진단해 드립니다

마음상담소

뇌가 어린 시절부터 너무 과열되고 혹사당하다 보니
이전에는 볼 수 없었던 현상들이 두드러지게 나타나고 있습니다.
공황장애와 같은 성인병이 청소년기에 나타나고,
청소년 우울증이 크게 증가했습니다.
그리고 20대의 불안장애나 우울증도 흔한 현상이 되었습니다.
이는 너무 어린 시절부터 받은 스트레스로 인해
눈에 보이지 않는 뇌손상이 생긴 것으로 볼 수 있습니다.
뇌에게도 필요한 휴식을 주시기 바랍니다.

항상 한 발짝 떨어져 자신의 마음을 살피기

오래전 믿을 수 없는 사건이 있었습니다. 아파트 외벽에서 줄을 타면서 공사를 하는 분이 계셨는데, 그분이 휴대전화의 음악을 들으면서 공사를 하고 있었습니다. 그런데 주민 하나가 그 음악소리가 시끄럽다고 항의를 했습니다. 그러나 외벽에서 공사를 하던 분은 그 소리를 듣지 못했습니다. 그래서 주민이 화가 나서 옥상으로 올라가 그 줄을 잘라 버린 것입니다. 공사하던 분은 떨어져서 즉사하고 말았습니다. 그 사망자는 일곱 식구의 가장이었습니다.

그 뒤에 현장 검증이 진행되었습니다. 가해자는 울먹이면서 죄송하다는 말만 되풀이할 뿐이었습니다. 결국 한순간의 분노감이 그를 살인자로 만든 것입니다.

당신의 마음을 진단해 드립니다

그렇다면 어떤 것이 그 가해자의 마음일까요? 화가 나서 밧줄을 끊었을 때의 마음이 그 사람의 마음일까요? 아니면 현장 검증에 나와서 울먹이며 후회를 하는 마음이 그 사람의 마음일까요? 어떻게 그처럼 한 사람의 마음이 극에서 극으로 달라질 수 있을까요?

또 이런 사건도 있었습니다. 유명 남자연예인이 대마초를 피웠다는 혐의로 조사를 받게 되었습니다. 그는 처음에는 혐의를 극구 부인하며 억울함을 호소했습니다. 그러나 대마초를 피웠다는 것이 모발검사에서 확인되었고 본격적으로 수사를 받게 되었습니다. 그런데 그는 자살을 결심하고 약물을 과다 복용했습니다. 그래서 병원에 입원하게 되었습니다. 그는 아마 대마초를 피웠다는 것이 밝혀지지 않았다면 죽을 마음이 없었을 것입니다. 아무런 죄책감도 없이 자신이 수사 대상에 오를 일은 없을 것이라고 생각했을 때의 마음과 수사망이 좁혀지면서 자신이 마약혐의로 조사가 임박했을 때 자살을 결심했을 때의 마음 중 어느 마음이 그의 마음일까요?

우리 마음은 어떻게 이처럼 완전히 반대의 모습을 보일 수 있을까요? 그리고 도대체 어떤 것이 우리의 진짜 마음일까요?

그래서 우리의 마음은 믿을 만한 존재가 아닙니다. 따라서 나의 마음을 믿으면 안 됩니다. 마음이 이처럼 왔다 갔다 하고 종잡을 수 없는 것은 단지 조건에 의해 쉽게 변하기 때문입니다. 외벽에서 공사를 하던 사람의 줄을 끊었던 그 가해자는 사건 당시 음악의 소음 때문에 화가 났습니다. 그래서 그런 범죄를 저지른 것입니다. 그때의 조건으로 인해 그는 화가 머리끝까지 치밀었고, 이성을 잃은 행동을 한 것입니다.

이처럼 조건과 환경에 따라 우리 마음은 수시로 변한다는 점을 기억해야 합니다. 우리는 자신의 마음을 조절하고 통제할 능력이 있다고 착각합니다. 그러나 오랫동안 사람들의 마음을 관찰해 온 의사로서 말하자면 그렇지 않습니다. 마음은 우리의 통제를 벗어나 있으며, 그저 조건에 따라 움직일 뿐입니다. 그래서 나의 마음이라고 굳게 믿고 내가 통제할 수 있다는 착각에서 벗어나야 합니다. 우리 마음이라는 존재는 바람 앞의 갈대처럼 이리저리 쓰러졌다 일어났다를 반복할 뿐입니다.

그래서 우리는 한 발짝 떨어져 자신의 마음을 바라보아야 합니다. 그것이 바로 위빠사나 수행입니다. 위빠사나 수행이란 아주 복잡한 듯 보여도 간단합니다. 일어나는 마음을 그저 계속 하루 종일 지켜보는 것입니다. 예를 들어 위의 비극의 가해자가 위빠사나 수행을 해서 몹시 화가 났을 때 자기 마음을 지켜봤다면, 즉 객관적으로 저 마음이 내 것이 아니고 일시적인 조건에 의해 일어난 반응이라는 것만 알았다면 그런 끔찍한 범죄를 저지르지 않았을 것입니다. 아니면 내 마음이 또 변덕을 부리고 요동을 치는구나, 조금 지나면 없어지고 다른 좋은 조건이 생기면 다시 기분이 좋아질 텐데 라고 되뇌었다면 그런 일은 없었을 겁니다. 그러니 내 마음을 지켜보는 것은 나를 지키는 방법 중의 하나입니다.

당신의 마음을 진단해 드립니다

사람들은 자기 마음을 다스리지 못해서 불같이 화를 내고 성질을 부려서 일을 그르치는 경우가 많습니다. 남의 마음은 내가 어쩔 수 없는 것이지만, 내 마음은 내가 빨리 알아채고 그것이 내 마음이 아니고 일시적으로 떠다니는 구름 같은 것이라고 여긴다면, 우리는 그 마음이 수그러드는 것을 느낄 수 있습니다.

대마초로 수사를 받게 된 남자연예인도 마찬가지입니다. 죽으려고 약물과다 복용을 하고 나서 회복하고 나서는 자신이 왜 그랬는지 후회를 했을 것입니다.

우리가 접하는 자살의 대부분은 한순간에 일어나는 마음을 자신의 마음이라고 믿고 충동적으로 일어나는 것입니다. 불쑥 죽고 싶은 마음이 들었을 때 그냥 잠을 푹 자고 일어나면 아마도 다음 날에는 새로운 조건이 생겨서 죽을 마음이 없어졌을 것입니다. 그러나 자살 충동이 일어나는 순간 죽음만이 삶의 탈출구라고 여기고, 자신의 마음이 그것을 원한다고 착각하기 때문에 행동으로 옮기고 마는 것입니다.

그래서 우리는 조건과 환경에 수없이 바뀌고 변화하는 우리의 마음을 믿어서는 안 됩니다.

마음이 얼마나 자주 변하는지 하루 일상을 돌아보면 알 수 있습니다. 푹 잠을 자고 난 다음 날은 기분 좋게 아침을 시작합니다. 하지만 출근을 하면서 운전을 하는데 갑자기 다른 차가 끼어들거나, 아니면 자신의 차가 끼어든다고 뒤의 차가 경적을 울리고 하이빔을 커는 등 항의를 하면 금방 기분이 나빠지게 됩니다. 조금 전 기분 좋게 하루를 시작했던 마음은 금세 달아나 버린 것입니다. 그렇게 회사에 출근을 해서 일을 시작하는데, 지난달 성과가 제일 좋았다는 칭찬을 상사에게 듣는 순간 기분이 날아갈 것 같습니다. 그러다가 아내로부터 전화를 받습니다. 아이가 학교에서 말썽을 일으켜 학교에서 오라는 연락을 받았다는 겁니다. 그러는 순간 한편으로는 자식이 걱정되면서 또 한편으로 말썽을 일으키는 것에 화가 나 기분은 다시 나락으로 떨어집니다.

이렇듯 마음은 순식간에 변하고 어떤 것이 자신의 마음인지 자신도 종잡을 수가 없습니다. 그러니 우리는 마음을 믿지 말고 배신을 해야 합니다. 내 마음이란 것을 믿지 말고 항상 의심하고 한 걸음 물러서서 바라봐야 합니다. 그렇지 않으면 우리는 마음이라는 존재에 휘둘리고, 그로 인해 나뿐 아니라 남까지도 피해를 입을 수 있습니다.

그래서 마음의 평정을 찾는 길은 내 마음이 어떻게 움직여가는지 지켜보는 수밖에 없습니다. 내 마음이지만 그 마음을 믿지 말고 마음의 흐름을 높은 곳에서, 그리고 넓게 지켜볼 수 있어야 합니다.

당신의 마음을 진단해 드립니다

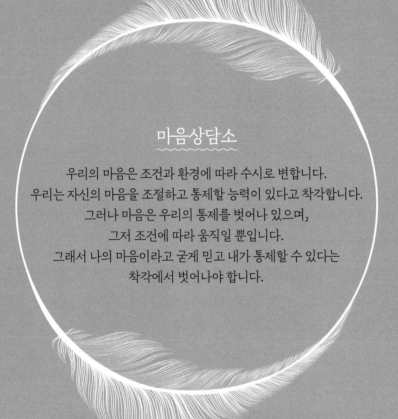

마음상담소

우리의 마음은 조건과 환경에 따라 수시로 변합니다.
우리는 자신의 마음을 조절하고 통제할 능력이 있다고 착각합니다.
그러나 마음은 우리의 통제를 벗어나 있으며,
그저 조건에 따라 움직일 뿐입니다.
그래서 나의 마음이라고 굳게 믿고 내가 통제할 수 있다는
착각에서 벗어나야 합니다.

부정적인 감정은 긍정적인 마인드로 스위치하기

정신과 전문의인 제가 본격적으로 마음공부를 시작한 계기를 들려드리겠습니다.

저는 원래 미래만을 보고 달리던 사람입니다. 대학만 간다면 행복해질 텐데, 대학만 졸업하면 행복해질 텐데, 정신과 전문의만 되면 행복해질 텐데, 개업을 했으니 자리만 잡으면 행복해질 텐데 하면서 좋은 조건이 행복한 삶을 가져다줄 거라고 기대하며 열심히 달렸습니다. 그렇게 열심히 달려 개업을 하고 4~5년이 지나니 그럭저럭 자리를 잡게 되었습니다.

그런데 원하던 바를 이루었음에도 아이러니하게 마음이 행복하지 않았습니다. 그렇게 시간이 흘러 개업 10년째가 되었을 때 항상

당신의 마음을 진단해 드립니다

피곤해서 진료에 지장이 많았고, 진료를 보는 것도 사는 것도 그렇게 행복하지가 않았습니다. 또한 목과 허리 디스크도 악화되어 하루 종일 진료실에 앉아 있는 것이 너무나 고통스러웠습니다.

분명 무엇 무엇만 되면 행복해질 텐데 라고 생각하며 살았는데, 그것이 이루어지는 순간 잠깐 기분이 좋았을 뿐 그렇게 바라던 행복이 느껴지지 않았습니다. 그럼 도대체 무엇을 해야 행복해질까 하고 마음공부를 시작했습니다. 그리고 명상도 시작하게 되었습니다. 그러면서 행복이란 어떤 목적이 이루어졌을 때 얻어지는 것이 아님을 알게 되었습니다. 내가 너무 지나치게 간절히 원하고 지나치게 거기 몰입해 빨리빨리 성취하려고 하면서 조바심을 느끼느라 행복할 틈이 없었다는 것도 알게 되었습니다.

그리고 인생의 권태감과 여기저기 아파서 오는 통증은 저로 하여금 마음의 문을 열게 해주었습니다. 만약 아픈 곳이 전혀 없었고, 아무런 문제가 없었다면 저는 마음에 온전히 귀 기울이지 않았을지도 모릅니다. 그런 고통이 오히려 진정한 행복이 무엇인지를 찾도록 이끌어주었습니다. 인생을 살아가면서 겪는 고통들이야말로 우리로 하여금 행복의 문을 두드리게 하는 신호라는 것을 머리가 아닌 마음으로 깨닫게 된 것입니다.

만약 괴로움이 없었다면 저는 인생의 진정한 의미를 모른 채 그저 물질적인 것에 탐닉하고 항상 행복을 추구하며 살았을 것입니다. 그러나 이것은 비단 저만의 경우는 아닙니다. 많은 분들이 고통을 통해 행복을 깨달았다고 이야기합니다. 힘든 투병 생활 후에 삶의 진정한 가치는 물질이 아니라 마음에 있다는 것을 깨달은 분도 많습니다.

그러니 만약 지금 힘든 시기를 겪고 있으시다면 어딘가 그리고 언젠가 빠져나갈 수 있는 문이 숨겨져 있다고 생각해 보세요. 그리고 지금 겪고 있는 고통은 진정 소중한 것이 얼마나 소중한지를 깨닫게 합니다. 고통을 지나가면 이전에는 너무 당연하게 여겼던 것들의 소중함을 깊이 알게 됩니다. 일상적으로 주말에 여행을 가고, 친한 친구들을 만나 수다를 떨고, 원할 때 해외여행을 다니며, 모임에 나가는 일상의 삶이 얼마나 소중하고 값진 것인지 우리는 코로나를 통해 모두가 알게 되었습니다. 코로나 이전에는 그러한 일상적인 삶이 특별할 수 있다고 아무도 생각하지 않았을 것입니다.

사실 우리 모두는 어리석습니다. 무엇이 옳은 것이고 무엇이 그른지 잘 알지 못하는 경우가 많습니다. 돈만 많이 벌면 행복해지고, 자식이 좋은 대학에 가면 행복해지고, 자신이 원하는 대로 승진을 하면 행복할 것이라고 생각합니다. 하지만 이러한 성공이 우리를 궁극적으로 행복하게 하는 것은 아닙니다. 그것을 이루었을 때 잠깐 즐거울 뿐 진정한 행복을 가져다주지는 않습니다. 세상의 잣대에 따라 우리는 그것이 행복이라고 여기지만 우리에게 진정한 행복을 가져다주지 않는다는 것을 모르는 것이 바로 어리석음입니다. 하지만 이런 어리석은 행동을 통해서 우리는 또 행복해질 수 있습

당신의 마음을 진단해 드립니다

니다. 우리는 겪어 봐야 제대로 알 수 있기 때문입니다. 그런 어리석은 행동들을 함으로써 마음 깊숙이, 머리로 아는 것이 아니라 가슴으로 행복이 무엇인지 깨달을 수 있으니 결국 어리석음이 있어야 지혜를 가질 수 있습니다. 이것이 바로 인생의 아이러니이자 묘미입니다.

자식과의 불화로 힘들어 진료실을 찾아오시는 부모도 많습니다. 자식이 방황하는 것을 보면 괴롭고 큰 마찰의 원인이 되기도 하기 때문입니다. 하지만 그런 방황들이 꼭 나쁜 것만은 아닙니다. 그런 방황의 날들이 있어야 더 성숙해지고 자신의 길을 찾는 과정이 되기도 하기 때문입니다. 그래서 자식을 키우는 부모들은 자식이 방황을 할 때 나쁜 길로 빠지는 것이 아니라면 내버려두는 것도 한 방법입니다. 그들이 이런저런 상처를 입고 시행착오를 거듭하고 나서 바른 길을 찾아나갈 수 있으니까요.

또한 우리 인간과 떼려야 뗄 수 없는 것이 욕망입니다. 욕망으로 빨리 돈을 벌고 싶고, 더 좋은 차를 갖고 싶고, 더 큰 집으로 가고 싶어 매일매일이 조급합니다. 그러다가 누군가의 말에 솔깃해서 큰돈을 벌 수 있는 기회가 왔다고 여겨 자신의 전부를 투자했다 다 잃게 되면 그제야 욕망의 허무함과 무모함을 깨닫게 됩니다. 또한 욕망이 얼마나 삶을 망칠 수 있는지 알게 됩니다. 주식 광풍, 비트 코인 광풍, 부동산 광풍으로 극소수는 큰돈을 벌었지만 돈을 잃었거나 크게 망한 사람도 심심치 않게 볼 수 있습니다.

〈나는 자연인이다〉란 방송 프로그램을 보면, 욕망으로 인해 재산을 다 날리고 산속으로 들어갔다는 사연이 많습니다. 그런데 그 욕망이 자신을 망쳤지만, 그 욕망으로 인해 산속에 들어왔고 지금은 마음이 너무 편하고 행복하다고 말합니다. 그렇지 않았다면 여전히 자신은 욕망의 포로가 되어 도시 속에서 하루 종일 로봇처럼 바쁘게 지내며 행복이 무엇인지 모르고 살았을 거라고 말합니다.

우리가 잘못 살았다고 하는 것들, 나쁘다고 하는 것들, 문제라고 생각하는 것들이 오히려 우리를 바로잡아주고 더 좋은 길로 안내해주기도 합니다. 그러니 좌절, 낭패, 실패, 상실 등에 부닥쳤을 때 움츠러들지 말고 오히려 마음의 문을 활짝 열고 빠져나갈 수 있는 길을 찾아보세요. 그 길은 더 발전된 나를 만나도록 안내할 것입니다.

당신의 마음을 진단해 드립니다

마음상담소

세상의 잣대에 따라 우리는 물질적인 풍요와 편안함이
행복이라고 여기지만 우리에게 진정한 행복을
가져다주지 않는다는 것을 모르는 것이 바로 어리석음입니다.
하지만 이런 어리석은 행동을 통해서
우리는 또 행복해질 수 있습니다.
우리는 겪어 봐야 제대로 알 수 있기 때문입니다.

두려움이 들 때는 행동으로 상쇄하기

상담자 분들 중에 다음과 같은 사례가 있었습니다.

그분은 나이가 40이 넘었는데 부모님과 같이 살고 있었습니다. 그런데 문제는 부모님이었습니다. 거의 매일 싸웠고 그는 그것을 견디는 것이 너무 고통스러웠습니다. 그렇다고 독립을 하자니 혼자 사는 것이 너무 두려워 감히 독립을 하지 못했습니다. 그는 세상은 위험으로 가득 차 있다고 생각해서 자기 혼자 방을 얻어 사는 것은 엄두를 내지 못했습니다. 하지만 부모님과 같이 살자니 평생을 싸우고 지내는 부모님의 모습을 지켜보는 것도 그에게는 지옥과 다름없었습니다. 그가 두 분을 화해시키려고 노력을 해도 성격이 맞지 않는 부모님은 매일 다투었습니다. 또한 그는 자신이 독립을 한

당신의 마음을 진단해 드립니다

다면 부모님을 배신하는 것이라고 생각했습니다. 그래서 더욱 독립을 하지 못했던 것입니다.

또 한 분의 여성은 평생을 남편으로부터 학대를 당했습니다. 언어폭력은 물론이고 종종 신체적인 폭력도 당했습니다. 하지만 60이 다 되어가자 더 이상 그런 삶을 살고 싶지 않아서 이혼을 결심했습니다. 하지만 학습된 학대는 그녀로 하여금 이혼을 두려워하게 만들었습니다. 오랜 기간 학대를 받은 사람은 저절로 배우자에게 복종하고 자신의 마음대로 한다는 것에 대해 큰 두려움을 갖습니다. 그렇지만 그런 삶을 지속할 수는 없어서 결국 이혼 소송을 시작하게 되었고, 그러면서 남편이 보복하지 않을까 하는 두려움에 떨었습니다. 그러나 아무런 일도 일어나지 않았습니다. 이혼소송은 순조롭게 진행되어 그 여성분은 이혼에 성공했습니다.

독자 여러분은 가장 두려움을 느끼실 때가 언제인가요? 대개는 새로운 일, 접해 보지 않았던 일을 할 때일 것입니다.

직장인분들은 처음으로 입사를 하거나 직장을 옮겨 다른 직장에 처음 출근할 때 '과연 내가 일을 잘 할 수 있을까?' '들어가서 적응을 잘 할 수 있을까?'라고 두려움을 느끼실 것입니다. 운전면허를 따신 분들은 처음 운전면허 학원에 등록을 하고 자동차에 탔을 때를 떠올려 보세요. 선을 밟지 않기 위해 조심조심 핸들을 돌렸을 것입니다. 그리고 첫 도로주행 때는 어떠셨나요? 옆 차선에서 씽씽 달리는 차를 볼 때마다 내차와 부딪칠 것 같아 무섭고 내가 정말 도로에서 익숙하게 운전을 할 수 있을까 하는 두려움에 사로잡혔던 기억이 날 것입니다.

또한 우리가 일상적으로 느끼는 두려움과 걱정은 얼마나 많은가요? 내가 혹시 암에 걸리지 않을까, 회사에서 정리해고 당하면 어떡하나, 내가 큰 병에 걸려서 돈을 벌지 못하면 우리 가족은 어떡하나 등등 두려움과 걱정은 한도 끝도 없이 머릿속에 샘솟습니다.

두려움은 인간이 갖고 있는 감정 중의 하나이기에 정도의 차이만 있을 뿐 누구나 두려움을 느끼며 삽니다. 겁이 없고 용감하고 대범해 보이는 사람들도 있지만, 그들은 두려움을 잘 감추고 사는 사람들입니다. 30년이 넘게 상담실에서 수많은 사람의 마음을 보아온 저는 한 가지 사실을 확인할 수 있었습니다. 인간의 본성은 크게 차이가 없다는 것입니다. 아주 강한 사람도 없고 아주 약한 사람도 없으며, 두려움을 느끼지 않는 사람도 없으며, 욕심과 욕망이 없는 사람도 없습니다. 그래서 남들에 비해 자신이 나약하고 의지가 박약한 것은 아닌지 의구심을 가질 필요가 없습니다.

두려움을 부끄러운 감정으로 생각하고 두려움을 감추려 하면 상황을 더욱 두렵게 느끼게 됩니다. 또한 어느 누구나 두려움을 갖는다는 사실을 모르기 때문에 사람들은 자신이 하고자 하는 일을 못하는 경우가 많습니다.

예를 들어 한 남성이 몇 년 동안 집에서만 지내게 되었습니다. 그는 다시 직장생활을 하려고 하나 두려움 때문에 주저주저하고 있었습니다. 그는 두려움이 없어지면 새롭게 직장에 다니려고 마음을 먹었습니다. 하지만 그런 두려움은 자신이 직장을 다니고 나서야 없어지는 것이지 두려움이 없어질 때까지 기다린다면 평생을 기다려도 되지 않습니다. 마찬가지로 이혼을 결심했다면 이혼을 하고 혼자 사는 것이 익숙해지고 난 다음에야 두려움은 없어집니다. 자신이 몸으로 뛰어들고 익숙해지기 전까지는 두려움이라는 감정은 지속될 뿐입니다.

같은 두려움을 느끼더라도 어떻게 대처하나에 따라 결과가 어떻게 달라질 수 있는지 함께 살펴보죠. 한 유형은 자신의 두려움이 없어질 때까지 기다려 보겠다고 마음을 먹은 사람입니다. 물론 두려움은 없어지지 않습니다. 또 다른 유형은 계속적으로 새로운 일을 벌이는 사람입니다. 예를 들어 운전을 처음으로 시작하고, 회사에 입사를 하고, 남들 앞에서 강의를 하는 기회를 갖고, 자신의 발전을 위해 회사를 그만두고 더 좋은 직장으로 옮기고, 물에 대한 두려움을 극복하기 위해 밤에는 수영을 시작하는 사람이 있다고 해 보죠. 이 사람은 단계 단계마다 자신을 두렵게 하는 상황이 이어졌을 것입니다 하지만 첫 번째 유형이 느끼는 두려움과는 다릅니다. 두 번째 유형은 누구나 두려움을 느낀다는 것을 알고 있으며, 자신이 성장을 계속하는 한 두려움은 계속된다는 것을 알고 있는 것입니다. 그러면서 두 번째 유형의 사람은 점차 두려운 것보다는 두렵지 않은 상황이 더 많아지게 됩니다. 두려움을 넘어서 나아감에 따라 삶의 영역이 점점 더 넓어지게 되는 것입니다.

두려움 중에서도 아마도 죽음에 대한 두려움이 가장 견디기 힘들 것입니다. 죽음은 누구나 처음 가 보는 길이며, 익숙해질 수 없는 상황입니다. 암 환자들은 죽음을 두려워하다가 말기에 이르면 점차 죽음을 받아들이기 시작합니다. 나만 두려운 것이 아니라 누구나 이런 상황에서는 두렵다는 것을 깨닫기 때문입니다.

두려운 감정이 나를 사로잡으려 할 때는 뭔가 새롭고 생소한 상황으로 진입하고 있다는 신호를 내가 나에게 보내고 있다고 생각해 보세요. 두려움은 자신에게 좀 더 적극적으로 대비하라고 마음이 신호를 주는 것입니다.

당신의 마음을 진단해 드립니다

마음상담소

두려움은 누구도 원하지 않는 감정입니다.
그런데 내가 원하지 않는 것이
우리를 발전시키고 자신의 내면을 보게 합니다.
또 그 두려움을 극복하는 과정에서 우리는 새로운 세계와
마주하고 다양한 인생경험을 하게 됩니다.

버킷리스트에 나눔과 베풂을 넣어 보기

한동안 〈버킷리스트〉란 영화가 인기를 끌면서 자신의 버킷리스트를 작성해 보는 것이 유행이 되었습니다. 어떤 분의 버킷리스트에는 영화에 출연해 보기, 3명 이상의 멘토가 되기, 세계명작영화 100편 보기, 명상여행, 서평 100편 쓰기 등이 있었습니다. 또 다른 한 분은 사막 횡단하기, 걸어서 전국 일주하기, 철인 3종 경기 참가하기, 부모님 여행 보내 드리기, 애인과 미칠 듯한 사랑하기, 외제차 구입하기 등이 있었습니다.

사람마다 버킷리스트의 항목은 천태만상이고, 각자 하고 싶은 일은 매우 다양합니다. 버킷리스트는 일상에 매몰된 자신을 돌아보고 자신이 진정 하고 싶은 것을 상기할 수 있다는 점에서 바람직합니

당신의 마음을 진단해 드립니다

다. 또한 다람쥐 쳇바퀴 돌아가듯 매일이 똑같고 항상 경쟁에 치이며 바빠 살아야 하는 현대인들에게 삶의 오아시스와 같은 존재라고 할 수 있습니다.

하지만 버킷리스트를 작성하고 그것을 실천에 옮기는 사람은 그리 많아 보이지 않습니다. 지금은 너무 바빠서, 지금은 돈이 없어서, 지금은 정신이 없어서 등등 현실적인 이유들이 존재합니다. 또 한편으로 하루하루 먹고 살기도 바쁜데 하면서 자포자기하게 되기도 합니다.

반면 적극적으로 하나하나 실천에 옮기는 분들도 있습니다. 그들은 일상에서 벗어나 자기만족을 느끼고, 죽기 전 자신이 경험해 보지 못했던 것들을 경험함으로써 정신적으로도 만족감을 느끼고 새로운 차원의 정신세계로 넘어가는 경우도 있습니다. 사실 경험하는 삶만큼 좋은 것은 없습니다. 텔레비전을 통해 아무리 아름다운 여행지와 휴양지를 보고, 외국의 아름다운 자연풍광을 봤다고 해도 그곳에 직접 가서 느끼는 감동과 황홀함과는 비교가 되지 않을 것입니다. 어떻게 보면 코로나는 우리에게 그러한 경험의 소중함을 일깨워주기도 했습니다.

또 직접 간 여행을 통해 통찰이 생겨 인생의 의미를 새롭게 깨닫는 경우도 있습니다. 자신이 늘 있던 자리에서 벗어나게 되면, 자신이 지금 어디에 있고 어떤 상황에 놓여 있는지 객관적으로 볼 수 있는 눈이 생기게 됩니다. 그것은 자기가 있던 자리에서 떠나봐야 얻게 되는 소득 중의 하나입니다. 그래서 자신이 만들어 놓은 버킷리스트가 있다면 하나하나 실천해서 자신이 꼭 해 보고 싶었던 것들을 해 보는 것도 삶에서 큰 의미가 있습니다.

그런데 사람들의 버킷리스트를 보면 한 가지 공통점이 있습니다. 버킷리스트 안에서도 물질적인 것에 대한 집착이 많다는 것입니다. 커다란 집으로 이사하기, 스포츠카 구입하기, 10억 원 모으기 등등입니다.

정신과 의사로서 버킷리스트는 물질적인 것에서 벗어나 경험을 통한 즐거움을 구해 보시라고 제안드립니다. 내가 하지 못했던 경험들, 내가 체험하지 못했던 것들을 이루는 리스트가 된다면 삶의 차원이 달라질 수 있는 계기가 될 수 있기 때문입니다. 반면 물질이란 것은 욕망의 산물이기에 그것을 얻게 되면 금방 싫증이 나고 더 큰 것을 좇게 됩니다. 만족할 수 있는 욕망은 없습니다. 욕망은 이것을 채우면 더 허기지고 더 배고파져서 다른 것들을 요구하고 그것이 없어서 나는 불행하다는 생각을 갖게 만듭니다. 그래서 욕망과 물질욕으로 채워진 버킷리스트는 그것을 다 이루고 나면 휴지조각으로 변하고 새로운 버킷리스트를 만들어서 또 그 욕망을 채워야 할지도 모릅니다.

버킷리스트에 컴퓨터자격증 따기, 영어회화 마스터하기 등등 자신의 경력이나 취업에 도움이 되는 항목을 적는 분도 많습니다. 사실 이것은 버킷리스트라기보다는 자신의 목표라고 하는 편이 맞을

　　　　　　　당신의 마음을 진단해 드립니다

것입니다. 자신의 커리어에 도움이 되는 버킷리스트는 자신의 삶을 리프레시하고 지루하고 무료한 일상에서 자신을 벗어나게 해줄 수는 없을 것입니다. 그것은 자신의 커리어가 좀 더 나아지거나 경제적으로 또는 직업적으로 자신을 더 낫게 해줄 뿐이니 결국은 치열한 삶의 현장으로 다시 돌아가는 것입니다.

인간은 이기적인 본성도 갖고 있지만, 선한 본성도 갖고 있습니다. 이런 선한 본성이 있는 이유는 진화론적으로 설명이 가능합니다. 7만 년에서 7만 5000년 전 인류는 거대한 화산 폭발로 인해 갑작스런 빙하기를 맞이하게 되었습니다. 그래서 인류의 고향인 아프리카 대륙에 우리 인류의 조상은 단지 2000명만 살아남을 수 있었습니다. 그들이 멸종되었다면 현재 우리는 존재하지 않았을 것입니다. 그런데 기적적으로 그들은 살아남았고, 현재 79억에 이르는 인구로 늘어나게 되었습니다. 살아남은 2000명의 인류가 멸종되지 않았던 것은 기적과 같은 일입니다. 그들은 살아남기 위해 필요한 것이 무엇인지 잘 알고 있었습니다. 그것은 서로 돕는다면 너도 살고, 나도 살 수 있다는 것입니다. 이런 이타주의적인 생각이나 행동은 인류를 생존할 수 있게 하는 열쇠가 되었습니다.

예전에 SBS에서 방영되었던 〈최후의 제국〉이란 다큐프로그램이 있습니다. 이 프로그램은 우리가 가지고 있는 본성의 흔적들, 즉 우리 본성이 어떤 것인가를 잘 보여주고 있습니다. 여기에서는 남태평양의 작은 섬 아누타를 소개했습니다. 아누타 섬의 인구는 약

300명밖에 되지 않습니다. 아누타 사회의 중요한 가치는 "아로파 (aropa)"라고 합니다. 협동과 공유, 타인에 대한 연민을 아로파라고 부릅니다. 아누타 사람들은 아로파를 실천함으로써 섬의 한정된 자원을 공평하게 나눕니다. 아누타에서 어떤 주민이 이웃집 아버지가 바다에서 죽자 그 아이를 입양해서 자기 자식처럼 키우는 장면이 나옵니다. 아누타 사람들은 공평하게 음식을 배분하고, 하루하루 행복하게 지냅니다.

이 아누타 섬에는 우리 원시 인류가 가졌던, 남을 돕고자 하고 서로 공감하고자 하는 우리 마음의 원형이 남아 있습니다. 그리고 이런 아로파야말로 우리 인류가 지금까지 생존할 수 있었던 비결이기도 합니다.

버킷리스트에 남을 돕거나 남에게 베푸는 항목을 넣는 것도 삶의 행복을 위해서 좋은 방법입니다. 남을 돕거나 베푸는 것은 기부를 하거나 자원봉사를 하거나 사소한 작은 것을 도와주는 것 모든 것이 포함됩니다. 버킷리스트의 진정한 의미는 우리가 죽기 전에 해 보지 않았던 것을 해 보자는 리스트입니다. 우리는 살면서 대부분의 시간을 자신의 생존을 위해 경쟁하면서 치열하게 보냅니다. 그래서 우리가 해 보지 않았던 것에는 남을 위한 것도 들어 있습니다.

우리는 알게 모르게 다른 사람의 도움을 받고 살아왔습니다. 농사를 짓는 농부는 우리에게 먹을거리를 제공하고, 내가 출근하기 위해 타는 버스나 지하철은 또 누군가가 운전을 하기 때문에 갈 수

당신의 마음을 진단해 드립니다

있습니다. 또한 점심때 먹는 식사도 식당을 하는 사람이 있어서 해결할 수 있습니다. 이처럼 모든 사람이 어우러져서 내가 지금 살아가고 있으며 살고 있습니다. 그렇다면 우리가 받은 것들을 죽기 전에 베풀고 간다면 의미 있는 일이 될 수 있습니다. 좀 더 시야를 넓혀 빈곤국이나 전쟁으로 폐허가 된 나라들에 물질적으로 돕거나 도움의 손길을 주는 것도 큰 의미가 있을 것입니다.

베풀고 살면 가장 좋은 점은 돈으로 살 수 없는 정신적인 만족감이 생긴다는 것입니다. 내 것, 내 집, 내 가족만을 생각하다가 나와 친하지 않거나 아무 상관없는 사람을 위해 베푸는 경험은 내 굳건한 자아가 깨지는 느낌, 내 껍질이 깨지면서 내가 그 좁은 자아에서 탈출하는 자유를 선사합니다.

마음의 행복과 만족감을 위해서 지금 버킷리스트에 베품과 나눔의 항목을 적어 보시면 어떨까요?

마음상담소

버킷리스트에 남을 돕거나 남에게 베푸는 항목을
넣는 것도 삶의 행복을 위해서 좋은 방법입니다.
버킷리스트의 진정한 의미는
우리가 죽기 전에 해보지 않았던 것을 해보자는 리스트입니다.
우리는 살면서 대부분의 시간을
자신의 생존을 위해 경쟁하면서 치열하게 보냅니다.
그런데 버킷리스트에 남에 대한 관심이 빠져 있을 때가 많습니다.
남을 위한 것을 통해 우리는 행복감을 얻고
자아만을 위해서 살았던 울타리에서
벗어날 수 있습니다 .

자신의 가치는 자신이 결정하기

〈오베라는 남자〉라는 영화가 있습니다. 이 영화는 오베라는 노인의 회상 장면으로부터 시작됩니다. 그는 아주 어렸을 때 어머니가 돌아가시고 아버지와 함께 장례식에 참석을 합니다. 그런데 아버지도 그가 사회에 진출할 나이에 기차에 치여 돌아가십니다. 그는 기차에서 만난 한 여성을 사랑하게 되고, 결혼까지 하게 됩니다. 그녀의 이름은 소냐입니다. 하지만 소냐가 임신을 한 상태로 떠난 스페인 여행에서 버스가 구르는 사고가 일어나 아기는 유산되고 소냐는 다시는 임신을 하지 못하게 됩니다. 그러나 오베는 자신을 사랑해주는 소냐가 곁에 있어 외롭지 않습니다. 오베는 슬픔을 털어버리고 열심히 일을 하고, 소냐와 오베는 서로 돌봐주며 인생을 헤쳐

나갑니다.

하지만 그렇게 사랑했던 소냐마저 나이가 들어 병으로 죽게 됩니다. 이제 오베는 다시 혼자가 되었습니다. 그리고 그를 더욱 아프게 한 것은 나이가 많다는 이유로 평생을 몸 바쳐 일했던 직장에서 해고를 당한 것입니다. 오베는 고집불통이고 남들과 소통을 하지 않으며, 자신의 원칙대로 사는 사람입니다. 그나마 그는 상냥하고 유연한 성격을 가진 아내 소냐를 통해 세상과 소통할 수 있었습니다. 그런데 그런 소냐마저 없으니 그는 더 이상 살아갈 이유가 없어졌다고 생각합니다.

그래서 그는 자살을 시도합니다. 그는 천장에 목을 매려고 했지만, 옆집에 사는 사람이 갑자기 찾아오는 바람에 자살도 하지 못합니다. 또 한 번은 성공하는 듯했지만 줄이 끊어져 결국 자살에 실패합니다. 그 후 다시 총으로 자살을 하려고 했지만, 그것마저 갑자기 들이닥친 아내의 옛날 제자들 때문에 시도하지 못합니다. 그리고 또 한 번은 자동차 배기가스를 차 안으로 들어오게 해서 자살하려 했지만, 그것도 다른 사람의 방해로 실패합니다.

그런 와중에 그는 자신을 괴롭히기만 한다고 생각했던 이웃과 엉겁결에 소통을 시작합니다. 느닷없이 그에게 아이를 봐달라고 하는 이웃집 여자 때문에 아이들과 즐거운 한때를 보내게 되었고, 이웃집 할머니는 고장 난 라디에이터를 손봐 달라고 부탁합니다. 그는 은퇴한 나이에도 불구하고 이웃에게 자신이 유용한 존재라는

당신의 마음을 진단해 드립니다

것을 알게 됩니다.

또한 교통사고로 아내가 유산을 하는 바람에 아기를 품에 안아 보지 못했던 오베는 이웃집 여자가 아기를 낳아 처음으로 아기를 품에 안아 보게 됩니다. 그렇게 그는 자신의 존재 이유를 조금씩 깨닫게 됩니다. 마지막에는 예전에는 친구였지만 지금은 뇌졸중으로 휠체어 신세를 지고 있는 친구가 요양원에 강제로 입원하게 될 위기에 처하자 요양원에 대한 조사를 해서 비리가 있는 것을 알게 되고, 그것을 근거로 친구가 요양원에 강제로 들어가는 것을 막아줍니다.

그리고 눈이 많이 오는 어느 날 오베의 이웃은 아침 일찍 일어나 곤 하던 오베의 집 앞에 눈이 치워지지 않은 것을 보고는 이상한 낌새를 느끼고 달려가서 오베가 죽어 있는 것을 발견하게 됩니다.

오베는 다음과 같은 유서를 남겨놓았습니다. "어리석은 짓을 한 건 아니니 걱정하지 마. 의사 말대로 때가 된 것 뿐이야. 내 심장이 너무 크다고 했잖아. 작은 것보다는 낫지만 말이야. 그게 몸에 부대 껴서 나는 곧 떠나게 돼 있어. 장례식은 교회에서 조용하게 괜한 수선 떨지 말고 조용히 치러주길 바란다. 나를 좋아하는 사람만 장례 식에 불러주고 고양이 먹이는 하루에 두 번 주고 똥 쌀 때는 쳐다보 지 마. 우리 마을 차량금지는 목숨 걸고 지켜."

그리고 그의 장례식 장면이 나오고 영화 속에서는 비현실적인 장면이 나옵니다. 기차에서 아내였던 소냐를 처음 만났던 장면으로 돌아가 그녀와 다시 만나는 것입니다.

영화 속의 오베의 팔자는 기구합니다. 어린 시절 어머니를 일찍 여의고, 아버지는 오베가 스무 살이 되기 전에 사망해 그는 트라우마를 안고 살아갑니다. 그나마 그를 구원해 주었던 것은 아내의 사랑이었습니다. 그런데 노년에 이르러 아내도 세상을 떠나고 직장에서도 쫓겨나는 신세가 되고 맙니다. 그는 이제 혼자 밥을 먹어야 되고, 혼자 모든 것을 해결해야 합니다. 그의 유일한 친구는 뇌졸중으로 말 한 마디 하지 못하는 신세에 놓여 있습니다. 그래서 그의 유일한 위안거리는 아내의 무덤에 가서 누워 있는 것입니다. 그리고 아내의 무덤에서 아내에게 말을 거는 것이 전부입니다. 그래서 그는 자살을 결심한 것입니다.

자존심 강하고 고집불통인 노인은 누구에게도 손을 벌리고 싶지 않고, 누구의 보호도 받고 싶지 않습니다. 그리고 더 늙어서 남에게만 의지해야 하는 것은 참을 수 없는 일입니다. 그래서 그는 죽음을 생각합니다. 하지만 죽으려고 여러 번 시도해도 그때마다 훼방꾼이 나타나 그것도 마음대로 되지 않습니다. 그러는 와중에 그는 자신이 아무짝에도 쓸모없는 노인이 아니라는 것을 알고 나서 죽는 것을 뒤로 미룹니다. 도리어 남에게 도움이 될 수 있는 존재도 될 수 있다는 사실에 그는 새로운 경험을 합니다.

그는 인생을 현실적으로 살아온 사람입니다. 그는 사회에 기여를 할 수 있는 존재인가 아닌가의 기준으로 자신의 가치를 판단했던 사람입니다. 그래서 그는 직장에서 쫓겨나자 자살을 결심합니다. 사회에 유용하지 못하다는 이유로, 사회에서 쓸모없는 존재라는 이유만으로 그는 자신이 가치 없는 인간이란 생각을 합니다. 사실 우리 대부분도 그처럼 생각합니다. 사회에 유용한가 그렇지 않은가 하는 기준으로 자신의 가치를 정합니다. 그래서 많은 사람이 불행하게 살아가게 됩니다.

소중한 생명을 갖고 태어난 우리 각자는 자신의 존재 가치를 갖고 있습니다. 하지만 우리는 어렸을 때부터 받아온 교육과 사회 환경의 영향으로 유용성이나 가치의 개념으로 우리 자신을 판단하려고 합니다. 그래서 거기서 벗어나면 무가치하다고 여기며 자괴감에 빠지고 자기 비하를 하게 됩니다. 또한 병이 들어서, 일상생활을 영위하는 것이 힘들다고 해서 자신은 가치 없는 존재라고 여깁니다.

불교에서는 인간 각각은 한 송이의 꽃이라고 말합니다. 그래서 우리 각자는 각각의 색깔과 향기를 갖고 있습니다. 사회의 일관적인 잣대로는 각각의 색깔과 향기를 헤아릴 수 없습니다. 중요한 것은 자신의 가치를 스스로 발견하고 자신의 꽃을 활짝 피우는 것입니다.

마음상담소

우리 대부분은 사회에 유용한가 그렇지 않은가 하는
기준으로 자신의 가치를 정합니다.
그래서 많은 사람이 불행하게 살아가게 됩니다.
이 세상에 어느 누구도 유용하지 않은 사람은 없습니다.
단지 그 사실을 모를 뿐입니다.
우리 모두는 남에게 유용하고 도움을 줄 수 있는 존재입니다.

자신을 가두는 마음의 감옥 인식하기

〈러스트 앤 본〉이라는 영화가 있습니다. 이 영화에는 바닥까지 내몰린 남성과 자신의 일을 즐기고 문제없이 지내다 갑자기 나락으로 떨어지는 여성이 등장합니다. 둘 다 바닥을 쳤다는 데 공통점이 있습니다.

알리는 삼류 복서이며 격투기 유단자이기도 합니다. 하지만 이혼한 아내에게 맡겨 놓은 다섯 살짜리 아들을 맡게 되면서 그는 갈 곳이 없어 누나의 집에 얹혀살게 됩니다. 그는 생계를 위해 나이트클럽에서 경비원을 하게 되는데, 남녀 손님 간에 몸싸움이 벌어지게되고 이때 코피를 흘리고 다친 스테파니를 집까지 바래다주게 되면서 둘은 서로 알고 지내게 됩니다. 그는 경비원으로 전전하면서 좀 더 돈을 벌기 위해 사설 격투기 시합에 나가게 됩니다. 그러면 큰돈을 만질 수 있고, 누나에게 생활비도 넉넉히 줄 수 있기 때문입니다. 한편 스테파니는 범고래 조련사 일을 합니다. 그러나 한순간의 사고로 인해 범고래에게 물려 두 다리를 잃게 됩니다.

스테파니는 두 다리가 없다는 사실을 받아들일 수 없지만, 하는 수 없이 휠체어 신세를 져야 합니다. 그러다 그녀는 외로움에 알리에게 전화를 합니다. 알리는 평소 무뚝뚝한 성격대로 자신의 감정은 표현하지 않은 채 그녀를 정상인과 똑같이 대합니다. 남들 앞에 나서기 싫어하는 스테파니를 안고 바닷가에 가서 수영을 시키고, 그러면서 스테파티는 사회에 적응할 수 있게 됩니다. 스테파니는 의족을 하게 되고, 지팡이를 짚고 다닐 수 있을 정도까지 발전합니다. 그녀는 자신이 일했던 범고래쇼를 하는 곳에 가서 다시 범고래와 마주합니다. 그리고 범고래는 그녀의 지시대로 움직입니다.

이제 알리와 스테파니는 서로 친해지게 됩니다. 그래서 알리가 불법 격투기 시합을 할 때 스테파니가 운전을 해서 알리를 데려다 주고, 시합에 걸린 판돈을 걷어오기도 합니다.

이 영화는 남녀 간의 사랑 이야기로 비쳐질 수 있지만, 깊이 들여다보면 사랑 영화라기보다는 인간과 인간의 교감, 서로간의 연대, 그리고 우리 인간이 살아갈 수 있게 하는 서로간의 지지에 대한 영화라는 생각이 듭니다.

알리는 다섯 살짜리 자식 하나 건사할 수 없을 정도로 거칠고 투

당신의 마음을 진단해 드립니다

박하고 잔정이 없어 보입니다. 그런 알리의 성격은 도리어 스테파니의 장애 상태를 고치는 데 도움이 됩니다. 알리가 스테파니에게 섣부른 동정심을 보였거나 그녀를 가엾게 여겼다면 그녀는 알리의 도움을 받으려 하지 않았을 것입니다. 알리는 친절하지도 그렇다고 불친절하지도 않게 다리를 잃은 스테파니를 무심히 도와줍니다. 그리고 그의 그러한 태도로 인해 스테파니는 그의 도움을 기꺼이 받아들여 다리가 없는 생활에 적응하고, 이전처럼 범고래 조련사를 하지는 못하지만 자신이 할 수 있는 것은 다 하면서 지냅니다. 알리가 가진 무심한 듯, 투박한 듯, 조금은 불친절한 그런 태도는 어떻게 보면 알리 안에 존재하는 뜨거운 열정이라고 볼 수 있습니다. 남들은 그를 쓰레기 취급하고 불법적인 격투기나 하는 존재로 여기지만, 그 안에 존재하는 열정으로 인해 그는 스테파니의 재활을 돕게 됩니다.

우리는 이 두 사람을 보면서 삶을 대하는 자세에 대한 실마리를 얻을 수 있습니다.

사람들은 살아가면서 여러 가지 어려움 때문에 고통스럽다고 하소연합니다. 승진이 되지 않아서, 돈을 잘 못 벌어서, 질병이 있어서, 가족들이 제대로 대우해주지 않아서, 사회가 부당하게 대해서, 사업이 잘 되지 않아서, 원하는 사랑을 얻지 못해서 등등 괴롭고 힘든 원인은 너무나 다양합니다. 그러나 우리 삶은 이 고비를 넘으면 저 고비가 닥치고, 저 고비를 넘겼다고 생각하면 다른 고비가 또 닥칩니다. 그리고 세상이 나를 내버려두지 않습니다. 계속 나를 괴롭히고 들볶고 힘들게만 합니다. 그런데 우리가 그런 것에 고통을 받는 원인은 그것에 불만을 갖고, 그것을 넘기지 못하기 때문입니다.

세상을 사는 것은 생명을 갖고 태어난 우리 각자에게 주어진 미션이며, 그것을 어떻게 인식하는가에 달려 있습니다. 어떤 사람은 20평 아파트에 살면서도 넓다고 여기는 반면, 60평 아파트에 살면서도 비좁다고 여기는 사람도 있습니다. 어떤 사람은 대학만 나왔으면 좋겠다고 생각하지만, 어떤 사람은 일류대를 나오지 않았다는 이유로 평생을 열등감에 시달립니다. 사실 현실은 또 세상은 우리를 힘들게 하기 위해 고통이나 고난을 던져주는 것이 아닙니다. 단지 우리가 그것을 고통과 고난이라고 생각하고 느낄 뿐입니다. 어떤 사건이든 어떤 현실이든 단지 중립적인 어떤 것이 내게 닥쳤을 뿐이지만 우리의 마음이 그것을 좋은 것과 나쁜 것으로 분별하고 구분할 뿐입니다.

이는 영화 속의 스테파니를 통해 다시 한 번 확인할 수 있습니다. 그녀의 다리가 절단되었다는 사실, 그리고 의족을 평생 하고 살아야 한다는 것은 변함이 없습니다. 그녀는 처음에는 절망 속에 세상으로부터 숨어 살다가 나중에 당당하게 세상과 마주합니다. 그녀의 현실이 아니라 인식이 바뀌었기 때문입니다.

그래서 자신을 고통이나 절망, 괴로움에 가두는 것은 바로 자기 자신입니다. 우리는 자기 스스로 그 감옥에 들어가서는 자신이 감옥

당신의 마음을 진단해 드립니다

에 갇혔다고 생각하는 것입니다. 언제든 그 감옥의 문을 열고 나올 수 있음에도 절대 자신은 나갈 수 없다고 착각하고 있을 뿐입니다.

자기 인생이 절망에 갇혀 있다고 인식하는 순간 그 사람은 절망에 갇히는 것입니다. 그냥 단지 당당하게 걸어나오면 됩니다. 그저 생각 하나만 바꾸면 됩니다.

마음이 고통스럽다면 내가 갇힌 감옥이 무엇인지 살펴볼 필요가 있습니다. 그리고 힘을 내서 그곳을 빠져나오는 것이 마음의 고통을 사라지게 하는 길입니다.

마음상담소

자신을 고통이나 절망, 괴로움에 가두는 것은
남이나 어떤 상황이 아니라 바로 자기 자신입니다.
우리는 자기 스스로 그 감옥에 들어가서는
자신이 감옥에 갇혔다고 생각하는 것입니다.
언제든 그 감옥의 문을 열고 나올 수 있음에도
절대 자신은 나갈 수 없다고 착각하고 있을 뿐입니다.

자신을 비하하는 생각이 떠오를 때는
생각의 꼬리 자르기

한번은 진료실에 찾아온 분이 이렇게 말했습니다. "저는 제가 식충이처럼 느껴집니다. 이제 나이도 들고 하고 싶은 일을 하려 해도 겁이 나고, 사실 하고 싶은 일도 별로 없습니다. 그래서 제 자신이 식충이처럼 느껴집니다."

먹는 행위는 인간의 본능이며 생존을 위해 중요한 일입니다. 심지어 수도승도 성직자도 식사는 합니다. 그래야 생명을 이어가며 더 깊은 마음의 세계로 들어갈 수 있기 때문입니다. 인간은 보통 21일 정도 단식을 하면 생명이 위태롭다고 합니다. 또한 물은 3, 4일만 먹지 못해도 생명에 지장을 초래할 정도로 위험할 수 있습니다. 그러니 단식투쟁을 하는 분들은 물까지 마시지 않으면 3일도 버틸 수 없습니다.

인간으로서 먹는 것은 당연한 행위임에도 그분이 "나는 식충이 같다"고 말하는 이유가 뭘까요?

이는 사회에서 사람들이 얼마나 자기 비하가 심한지를 반영한다고 볼 수 있습니다. 자기 비하는 대부분 자신을 사회에서 얼마나 유용한가 그렇지 않은가 하는 아주 현실적인 잣대로 평가하는 데서 기인합니다. 돈을 벌고 일을 하고 사회에서 뭔가 유용한 존재여야 한다는 강박관념은 우리 마음속에 강하게 남아 있습니다.

그러나 역사를 살펴보면 유용함의 잣대가 얼마나 변할 수 있는지 엿볼 수 있습니다. 고대에는 왕권과 신권이 하나인 경우가 많아 샤먼을 우러러 보았으며, 샤먼을 가치 있는 직업이라 생각했습니다. 또 제조업에 종사하는 사람을 비천하게 여기는 시대도 있었습니다. 지금은 각광받는 직업인 의사와 연예인은 조선시대에는 각각 중인과 천민이었습니다. 그러니 우리가 굳게 믿고 있는 신조나 관념이 역사를 통해 얼마나 바뀌어 왔으며, 얼마나 헛된 것인지 알 수 있습니다.

산업혁명을 거치고 테크놀로지의 발달은 사람으로 하여금 뭔가를 항상 하도록 만들었습니다. 그리고 그렇지 못하면 무용하고 쓸모없는 존재로 여기는 분위기가 조성되었습니다. 그러나 모든 사람이 일률적으로 똑같이 살 수는 없는 법입니다. 고승이나 성직자들은 뭔가 생산적인 일을 하는 것은 아니지만 사람들의 마음을 위로

당신의 마음을 진단해 드립니다

하고 바른 세상을 만들기 위해 힘쓴다는 점에서 존경을 받습니다. 그리고 이제는 점점 눈에 보이지 않는 가치를 만드는 것을 존중하고 인정하는 시대로 나아가고 있습니다.

그래서 중요한 점은 가변적이고 외부적인 사회적인 잣대로 자신을 유용과 무용으로 나누지 말고 세상의 잣대가 나에게 맞는지 아닌지를 구분하고 판단하는 철학과 가치관이 필요합니다. 그러한 신념과 가치관에 따라 자신을 판단하고 자신의 길을 개척하는 것이 자신의 정신건강과 미래를 위해 꼭 필요합니다.

그리고 "나는 식충이 같아"라고 생각하는 이유가 또 한 가지 있습니다. 우리가 생각을 너무 많이 하기 때문입니다. 우리 마음속에 저절로 이런저런 생각이 일어났다 스러지는 것이 정상입니다. 이 생각이란 것은 마치 원숭이가 이 나무에서 저 나무로 마구 뛰어다니듯이 이리저리 움직이는 속성을 갖고 있습니다.

그런데 그 생각이란 것이 생산적이고, 가치 있고, 유용하다면 얼마나 좋을까요? 하지만 머릿속에서 꼬리를 물며 떠오르는 생각은 대부분은 무용하고, 비관적입니다. 생각은 긍정적이고 발전적이기보다는 너무나 부정적이고 나쁜 결론을 내는 데 더 적극적입니다. 예를 들어 안 좋은 일을 겪은 뒤를 떠올려보세요. 지금의 고통이 지속될 것만 같은 생각이 머릿속을 지배했을 것입니다. 하지만 시간이 지나면 언제 그랬냐는 듯이 그 어려움은 없어지고 생각도 바뀌었던 경험을 누구나 해 보셨을 것입니다. 실제로 자살을 결심했다가 나중에 일이 풀리고 나서 그때 정말 자살을 했으면 어쩔 뻔했냐고 말하는 사람들을 많이 보아왔습니다.

우리는 각자 자신의 어린 시절 환경, 성격, 가치관 등에 따라 세상일을 해석합니다. 예를 들어 같은 정치인을 두고도 어떤 사람은 그를 나라를 위해 자신을 희생한 진정한 시대의 촛불 같은 존재라고 여기고, 어떤 사람은 그를 사기꾼이며 본심을 숨기고 애국자인 양 하고 사는 사람이라고 여깁니다. 이처럼 우리는 대상의 실체가 아니라 각자의 선글라스를 쓰고 모든 것을 바라보고 해석합니다. 그것은 내가 나를 판단할 때조차도 마찬가지입니다.

그러니 객관적인 조건에 자신을 맞추어 비하하고 자학하지 말아야 합니다. 그 객관적인 조건은 언제나 가변적일 수 있으며, 누구도 그것이 옳은 것인지 그른 것인지 판단할 자격은 없습니다. 부정적인 생각이 꼬리에 꼬리를 물 때 가장 좋은 방법은 생각의 꼬리를 자르는 것입니다.

마음상담소

가변적이고 외부적인 사회적인 잣대로
자신을 유용과 무용으로 나누지 말고 세상의 잣대가
나에게 맞는지 아닌지를 구분하고
판단하는 철학과 가치관이 필요합니다.
그러한 신념과 가치관에 따라 자신을 판단하고
자신의 길을 개척하는 것이 자신의 정신건강과
미래를 위해 꼭 필요합니다.

명상으로 생각의 홍수에서 벗어나기

우리는 살면서 끊임없이 생각을 하며 삽니다. 이 눈에 보이지 않는 생각이란 도대체 뭘까요?

생각을 하는 순간 우리는 사실 과거나 미래로 가고 있는 것입니다. 그것을 가장 잘 알 수 있는 것은 우리가 명상을 할 때입니다. 명상이란 현재에 존재하는 방법 중의 하나입니다. 명상의 방법 중의 하나가 코끝에 숨이 들어오고 나가는 것을 느끼는 것입니다. 이것을 처음 하시는 분들은 10초도 되지 않아 생각이 올라오는 것을 느낄 것입니다. 그리고 조금 더 명상을 해보셨던 분들은 20초, 더 많이 하셨던 분들은 1분 이내에 생각이 떠오를 것입니다.

명상이란 지금 현재에 존재하는 연습을 하는 것입니다. 우리는

당신의 마음을 진단해 드립니다

평생 이런저런 생각을 하고, 과거의 안 좋았던 일들을 떠올리고, 오지 않을 미래의 두려운 일들을 떠올리는데, 이를 망상이라고 합니다. 만약 한평생을 망상에 사로잡혀 지내면 결국은 현재를 한 번도 제대로 살아보지 못하는 것과 같습니다. 그래서 계속 현재를 살아내기 위해, 현재에 존재하기 위해 명상이 필요합니다.

그러나 많은 사람이 자기 자신이 현재에 존재해서 살고 있다고 착각을 합니다. 그런데 사실은 내가 뭔가를 생각하는 순간 우리는 과거 아니면 미래로 가고 있는 것입니다. 명상을 하면서 많은 사람이 실망하는 이유는 아주 쉽다고 생각했는데 예상 외로 어렵기 때문입니다. 5분을 앉아 있기가 어렵다고 합니다. 왜 그럴까요?

앉아서 숨이 들어오고 나가는 것에 집중하다 보면 해야 할 일이 마구 떠오릅니다. 갑자기 입이 텁텁해져서 양치질을 해야 할 것 같고, 내일 공과금 내는 것을 잊을까봐 거실에 있는 공과금 용지를 챙겨야 할 것만 같습니다. 또 빨랫줄에 걸어놓은 빨래를 잊기 전에 걷어서 개어놓아야 할 것 같습니다. 이처럼 오만 가지 생각이 떠오릅니다. 그렇다면 우리는 왜 5분 동안 아무것도 하지 않고 가만히 앉아 있기가 쉽지 않을까요? 한 번도 자신이 아무것도 하지 않고 현재에 머물러 본 적이 없기 때문입니다.

그래서 명상을 하려고 앉아 있으면 끊임없이 이 생각 저 생각이 떠오르고 망상이 떠오르게 됩니다. 명상이란 갑작스레 망상이 떠오를 때 그저 그 망상을 한번 응시하고는 다시 코끝에서 숨이 들어오고 나가는 것을 지켜보다, 다시 망상이 떠오르면 또 그 생각을 힐끗 일견하고 다시 숨으로 돌아오는 것입니다. 망상 없이 명상을 할 수 있는 것은 아마도 하루 종일 수행을 하고, 수십 년 동안 명상을 한 분들의 경지일 것입니다.

그리고 명상이나 수행을 하시는 분들이 착각하는 것이 한 가지 있습니다. 명상이나 수행을 하면 어떤 일이 있어도 마음이 평화롭고 온유하고 변함없으리란 기대입니다. 하지만 명상이나 수행을 한다고 해서 그런 변화가 크게 오지 않습니다. 단지 여러 가지 생각이 떠오를 때 그 생각들과 거리를 두고 지켜보는 힘이 생길 뿐입니다. 그래서 이런 일화가 있습니다.

어느 불자가 한 스님이 공부하시는데 뒷바라지를 열심히 했습니다. 그렇게 몇 년이 흐르고 나서 스님을 시험해 볼 겸 스님을 집에 초대해서는 정말 아름다운 젊은 여자를 스님의 방에 들여보냈습니다. 그리고 나서 나중에 스님께 '느낌이 어떠셨나요'라고 물어보았습니다. 그랬더니 그 스님은 아무런 느낌도 없었다고 대답했습니다. 그러자 그 불자는 다시는 그 스님의 뒷바라지를 해드리지 않았다고 합니다.

그 이유는 수행이나 마음공부는 감정이 메마른 로봇을 만들려는 것이 아니기 때문입니다. 아름다운 여인을 보면 아름답다 등의 어떤 감정이 생겨야 정상입니다. 다만 그런 감정을 지켜보고 그게 일시적이고 변하며 결국 또 사라진다는 것을 알고 그런 마음이 생겨날 때

당신의 마음을 진단해 드립니다

지켜볼 수 있어야 합니다. 그러면 그런 마음이 사라지는 것입니다. 그러니 명상이나 수행을 한다고 해서 항상 마음이 평안하고 어떤 일이 닥쳐도 아무렇지도 않고 항상 행복한 것은 결코 아닙니다.

우리가 생각에 휩쓸리지 않을 수 있는 첫걸음은 바로 내 머릿속의 생리, 생각의 생리를 아는 것입니다. 그래서 평소에 조금씩 시간을 늘려가면서 명상을 하면 마음을 다스리는 데 큰 도움이 됩니다. 단 5분도 좋습니다. 가부좌를 틀지 않아도 좋습니다. 다리가 불편한 분은 의자에 앉아서 해도 상관이 없습니다. 그저 들숨과 날숨이 코끝을 스쳐지나가는 것만 지켜보십시오. 그리고 생각이 떠오를 때마다 생각, 생각 하면서 다시 코로 집중을 해 보세요.

이 순간은 우리가 쉴 새 없이 떠오르는 생각의 홍수 속에서 지내다 잠깐 휴식을 취하는 시간이기도 합니다. 그런 생각의 홍수에서 벗어나는 방법으로 운동을 하는 것도 좋고, 또 좋아하는 음악을 듣는 것도 좋습니다. 용솟음치는 생각의 홍수 속에서 우리는 하루 한때 쉬는 시간이 필요합니다. 그래야 부정적인 생각들을 없애고 생각들을 정리할 수 있는 힘이 생깁니다.

마음상담소

우리가 생각에 휩쓸리지 않을 수 있는 첫걸음은
바로 내 머릿속의 생리, 생각의 생리를 아는 것입니다.
그래서 평소에 조금씩 시간을 늘려가면서
명상을 하면 마음을 다스리는 데 큰 도움이 됩니다.

불완전한 나를 받아들이기

직장에서 실직한 가장이 가족을 다 죽이고 자신마저 자살한 사건이 있었습니다. 그런데 많은 사람들이 의아해했습니다. 그는 강남에 10억에 가까운 아파트가 있었고, 이리저리 빚을 탕감해도 7~8억의 돈이 있었기 때문입니다. 하지만 사회에서 이 정도는 살아야한다는 눈에 보이지 않는 강요에 의해 자신이 비참하다고 여겨 가족을 모두 죽이고 자살을 했던 것입니다. 강남에 있는 아파트를 팔고 이사를 해서 새로 시작하는 방법도 있는데 말입니다.

우리의 생각은 합리적인 것 같지만, 절망감이나 미래에 대한 두려움에 사로잡히면 내면에서 "너 인생은 이제 다 끝났어"라는 생각이 휘몰아치고, 심지어 비극적인 결말로 몰고가곤 합니다.

현대는 많은 사람이 우울증에 시달리고 있습니다. 우울증은 뇌의 세로토닌이 떨어져서 생기는 질병으로 가장 큰 문제는 인지의 왜곡이라고 해서 세상을 바라보는 시선이 비관적으로 달라지는 것입니다. 상황은 달라진 것이 없는데 자신이 색안경을 끼고 세상을 바라보는 것이 우울증이라고 할 수 있습니다.

뇌세포는 서로 연결되어 있으며, 한 신경이 다른 신경으로 정보를 전달할 때 신경전달 물질을 분비하며 우리가 생각하고, 감정을 느끼는 것입니다. 그런데 감정을 전달하는 물질인 세로토닌이란 물질이 나오지 않을 경우, 우울증에 빠지게 됩니다. 우울증에 빠지게 되면 가장 큰 증상이 바로 인지왜곡입니다. 즉 생각에 왜곡이 생긴다는 것입니다. 원래 그렇지 않던 생각들이 부정적으로 바뀌게 됩니다.

우울증에 걸리면 일단 제일 먼저 불안감을 느낍니다. 그냥 막연히 불안하기도 하고, 모든 일에 불안을 느낍니다. 안 좋은 일이 생길 것만 같고, 내가 하는 모든 일에 문제가 생길 것 같으며, 미래도 불안하게 느껴집니다. 그래서 그전에는 자신만만하게 다니던 직장 생활도 자신이 없어지면서 회사에서 쫓겨나는 것은 아닌지 불안해집니다. 그리고 동료들이 자신을 무능하다고 여기는 것 같고, 사람들이 내 뒤에서 수군대는 느낌도 듭니다. 그리고 사람들이 나를 따돌리는 것 같고, 내가 정말 아무런 능력도 없는 사람처럼 느껴집니다. 그러다 보니 내 인생은 다 끝난 것 같고, 다른 사람들은 다 행복

당신의 마음을 진단해 드립니다

해 보이는데 나만 불행한 것처럼 느껴집니다.

그리고 자신감이 떨어지면서 앞으로 살아갈 날이 캄캄하고 자신에게 불행한 일만 닥칠 것처럼 느껴집니다. 그러니 살아갈 희망이 없어지고 결국 극단적인 선택을 하는 경우도 있습니다. 인지의 왜곡이 무서운 이유는 사랑하는 가족의 앞날, 슬퍼할 부모님, 힘들게 모은 큰 재산도 눈에 들어오지 않게 만듭니다. 인지 왜곡, 즉 생각의 왜곡이 어떻게 사람의 생각을 지배하는지 알 수 있습니다.

반대로 조증(躁症)이라는 정신질환이 있습니다. 조증은 우울증과는 달리 기분이 들뜨고 말이 많아지며 무엇이든 할 수 있을 것 같은 과도한 자신감이 있는 상태를 말합니다. 그래서 평범한 회사원이 조증이 발병하면 갑작스럽게 1박에 몇백만 원에 달하는 특급 호텔의 스위트룸에 며칠씩 머물면서 돈을 물 쓰듯이 쓰는 경우도 있는데 자신을 그런 방에서 거처할 정도의 대단한 사람이라고 착각하기 때문입니다. 이런 경우를 과대망상이라고 하며, 좀 더 심한 경우에는 일반 사람들이 듣기에는 터무니없는 이야기를 하기도 합니다. 예를 들면, 자신이 기도하면 우리나라가 통일이 될 수 있으며 자신이 천지를 지배하는 조물주의 현신이라고 하기도 합니다. 대개의 경우는 자신에게 필요 없는 물건을 신용카드로 수백만 원씩 구입하기도 하고 다른 사람에게 과도한 선심을 쓰곤 합니다.

이런 조증의 증상을 바탕으로 영화나 드라마에서 조증 상태인 사람을 아주 행복하게 그리기도 합니다. 현실은 어찌됐건 그 사람은 자신을 위대한 사람이라고 생각하니 아주 행복할 것 아니냐고 짐작하기 때문입니다. 하지만 실제로 조증 상태에서 환자들은 행복감을 느끼기보다 매우 흥분한 상태이며 다른 사람에 대한 피해의식도 동반하기 때문에 환자 자신이 그리 행복하지는 않습니다. 문제는 이런 조증의 상태가 회복된 뒤에는 자신이 저지른 과도한 지출을 막아야 하거나 심지어 파산 선고를 받기도 한다는 점입니다.

자신이 가진 좋은 점들을 보지 못하고 인정하지 않으며 항상 부족하기만 하다고 여기면 우울할 수밖에 없습니다. 그래서 살아가면서 가장 중요한 것은 자신 안에 존재하는 자신이 가진 것, 자신이 가진 풍족한 것을 봐야 한다는 것입니다.

〈나는 자연인이다〉란 프로그램을 보면, 산속에서 생활하는 자연인들의 표정이 편안하고 만족스러워 보입니다. 사회적 잣대로 들여다보면 그들은 부유하고 풍족한 생활과는 한참 거리가 멉니다. 그러나 인지 즉 생각에 자신이 만족스럽고 나눌게 많다고 여기기 때문에 세상 온 천지가 풍성하고 풍부해 보입니다. 그래서 그들은 산에 먹을 것이 천지라고 말하고 모든 것이 다 있어 자급자족이 가능하다고 말합니다. 그리고 마음이 넉넉하고 집착이 없으니 집 근처 찾아오는 동물들에게 먹을 것을 나눠주고, 배가 고프면 밥 먹고, 피곤하면 자는 삶을 살아갑니다.

우리는 살면서 조건을 달고는 합니다. '내 통장에 1억이 모이는 순간 기부를 할 것이다, 아이들이 대학을 가고 나면 취미생활을 시

당신의 마음을 진단해 드립니다

작할 것이다. 내가 하는 사업이 매출이 10억 정도 되면 그때 가족들과 시간을 많이 보낼 것이다. 내가 앓고 있는 병이 나으면 내가 하고 싶던 일을 다 할 것이다.' 그런데 모든 조건이 다 갖추어진 뒤에 하려고 하면 기회는 멀어지고 평생 찾아오지 않을 수도 있습니다. 그러면 영원히 자기가 하고 싶은 일을 할 수 없을지도 모릅니다. 그래서 아프면 아픈 대로, 불완전하면 불완전한 대로, 내 목표에 못 미치면 못 미치는 대로, 돈이 적으면 적은대로, 조건이 내 마음에 들지 않으면 않은 대로 그걸 안고 가면서 자신이 하고 싶은 일을 하시기 바랍니다.

우리 삶은 누구나 불완전합니다. 그러나 나의 인지, 즉 생각이 만족할 줄 알고 풍요로움을 느낀다면 우리 삶은 그 생각으로 인해 더 많은 것을 이루고 더 완전해질 수 있습니다.

마음상담소

우리 삶은 누구나 불완전합니다.
그러나 나의 인지, 즉 생각이 만족할 줄 알고
풍요로움을 느낀다면 우리 삶은 그 생각으로 인해
더 많은 것을 이루고 더 완전해질 수 있습니다.

내가 스트레스 받지 않고
남에게 스트레스 주지 않는 법

우리는 살아가면서 수많은 스트레스를 받으며 살게 됩니다. 스트레스는 육체의 건강에도 좋지 않지만 마음의 건강에도 치명적입니다. 그래서 스트레스를 덜 받기 위한 삶의 지혜가 필요합니다. 그 몇 가지는 다음과 같습니다.

첫 번째는 지나치게 남들에게 친절하지 말라는 것입니다. 친절하면 할수록 좋은 것 아닌가 생각할 수 있습니다. 하지만 도가 지나친 친절은 나도 모르게 무의식적으로 상대방에게도 그런 친절을 원하게 됩니다. 그래서 자신이 한 만큼 상대방이 하지 않을 경우 섭섭하거나 분노감마저 치밀 수 있다는 것입니다. 그러니 무엇이든 도가 지나치면 문제를 일으키게 됩니다.

그리고 지나친 친절은 다른 사람에게 내가 정말 괜찮은 사람으로 각인시키고 싶어 그러는 경우가 많습니다. 이 무의식적인 행동은 몸과 마음을 피곤하게 하며, 심지어 상대방에게 부담을 줄 수도 있습니다. 그러니 친절은 하되, 지나친 친절은 자신뿐 아니라 타인에게 이롭지 않습니다. 또한 지나친 친절은 에너지를 외부로 모두 쏟기 때문에 자신이 쉽게 지치게 되고, 상대방이 자신에게 똑같이 친절하지 않을 경우 그로 인해 그만큼의 짜증과 분노감도 일으킬 수 있다는 것입니다. 그러니 무엇이든 중도가 참으로 중요합니다.

두 번째는 다른 사람을 바꾸려 하지 말라는 것입니다. 다른 사람을 바꾸려는 시도는 대부분 수포로 돌아가기 때문입니다. 도리어 다른 사람을 바꾸려는 과정에서 그 사람과 사이가 나빠지는 경우가 많습니다. 사람은 웬만해선 쉽게 바뀌지 않습니다. 물론 마음공부를 하거나 종교생활을 오래할 경우 그럴 가능성은 있지만, 뼛속까지 바뀌기는 결코 쉽지 않습니다. 그저 그 사람이 살아가는 것을 지켜보는 것이 중요합니다. 자신이 가진 성격에 따라 분명 빨리 갈 수 있는 길을 저만치 돌아서 갈 수는 있지만, 그는 그렇게 돌아가면서 많은 것을 배울 테니 손해만 있는 것은 아닙니다.

그리고 다른 사람을 바꾸려는 과정에서 충고를 하는 경우가 많습니다. 하지만 그 충고가 다른 사람의 심기를 상하게 해서 친구에서 적으로, 또 남남이 되는 원인이 됩니다. 특히 부모들은 자식을 바꾸려 하는 경우가 많습니다. 만약 자식이 내성적인 성격이라

　　　　　　　당신의 마음을 진단해 드립니다

면 외향적으로 바뀌기를 바랍니다. '우리 아이는 왜 리더십이 없고 항상 조용히 있지? 왜 발표할 때 손을 들지 않고 조용히 앉아만 있지?' 등등 적극적이고 외향적이기를 원합니다. 그래서 아이를 외향적으로 바뀌게 하기 위해 야단도 쳐보고, 잔소리도 하고, 태권도 도장이나 학원에도 보내 봅니다. 그래도 아이는 달라지는 것이 별로 없습니다.

우리가 한 가지 주목할 점은 내향적인 성격은 성격대로 장단점이 있으며, 외향적인 성격도 장단점이 있다는 것입니다. 그러니 성격이 어떻든 그것이 문제가 될 수는 없습니다. 속담에 '될성부른 나무는 떡잎부터 알아본다', '세 살 버릇 여든까지 간다'라는 말이 있습니다. 아이들은 어느 정도의 본바탕을 갖고 태어납니다. 부모는 자식을 백지상태라고 생각해서 거기에 자신이 원하는 그림을 그리려고 합니다. 그러나 문제는 그 그림이 그려지지 않는 것입니다. 그러니 아이가 갖고 있는 성향을 바꾸려고, 또 지나친 충고를 해서도 안 됩니다.

자식이든 타인이든 그가 가진 성향이 무엇인지 파악하는 게 더 중요하고, 그것의 좋은 점을 살려주는 것이 더 바람직합니다.

그리고 무언가 할 때는 자신이 잘할 수 있는 것을 하는 것이 중요합니다. 많은 사람이 자신이 할 수 없는 것을 하려다가 낭패를 보는 경우가 많습니다. 노력해서 할 수 있는 것과 노력해도 안 되는 것은 분명 있습니다. 실제로 내성적인 사람은 비즈니스 쪽의 일은 잘 맞지 않습니다. 사업을 하려면 많은 사람을 만나야 하고, 상대의 마음을 사로잡아야 하며, 상당히 주도적으로 다른 사람을 끌고 나가야 하며, 또한 냉정함도 갖고 있어야 합니다. 그런데 내성적인 사람들은 이런 점을 가지고 있지 못한 경우가 많습니다. 그런데 자신에게 없는 것을 끌어내려고 하면 삶이 항상 피곤하고, 일을 해도 재미가 없습니다. 또 실패할 확률이 높습니다.

예전에 상담을 했던 공황장애 환자가 있습니다. 그 환자는 젊은 나이에 아버지가 사망해서 아버지의 사업을 물려받았습니다. 그런데 그는 내성적이고 사회성이 적은 타입이고, 혼자 노는 걸 좋아하는데 자꾸 술자리 접대를 하다 보니 결국 술자리에서 공황발작이 생기고 말았습니다. 그 스트레스가 누적되었기 때문입니다.

그리고 자신이 잘할 수 있는 것을 하되, 자신이 바라는 목표치에는 항상 미달할 것이라는 점을 염두에 두어야 합니다. 우리는 일반적으로 어떤 것을 할 때 자신의 능력 이상으로 목표치를 잡습니다. 그래서 항상 자신이 목표한 것의 2/3나 1/2 정도만 이루면 정말 잘했다고 스스로 칭찬해주는 것이 바람직합니다. 그러나 그 점을 인식하지 못하면 자신이 목표를 너무 높게 정한 것은 모른 채 자신이 목표를 달성하지 못했다는 이유로 자책하거나 자신이 무능하다고 여기는 경우가 많습니다. 세상에 나 자신만큼 중요한 것은 없습니다. 우리가 돈을 벌고 성공을 하고 싶은 이유는 자기 자신을 위한 것이지 돈과 성공이 목적은 아닙니다. 그래서 주객이 전도되는 상

당신의 마음을 진단해 드립니다

황을 만들지 말아야 합니다.

그리고 상대방의 기대를 만족하기 위해 살지 말아야 합니다. 우리는 자신을 힘들게 키워준 부모의 기대를 충족시키기 위해, 또는 사회가 바라는 사람이 되기 위해, 또는 주위 사람들의 기대를 저버리지 않기 위해 사는 경우가 많습니다.

남성들 중에는 친구를 좋아하는 사람들이 있습니다. 그들은 친구가 부르는 전화가 걸려오면 어디든지 달려갑니다. 진정한 친구라는 소리를 듣기를 매우 좋아합니다. 그렇게 되면 자신의 가정을 그만큼 등한시하게 되고 식구들과의 관계도 나빠질 수 있습니다. 그런 사람들은 자신이 아니면 동문회가, 모임이 돌아가지 않을 거라 걱정합니다. 이는 내가 아니면 안 된다는 함정에 빠진 것입니다. 하지만 내가 없어도 세상은 잘 돌아간다는 것을 한 번쯤 느껴 보셨을 것입니다. 내가 나가면 이 직장이, 이 회사가 제대로 돌아갈까 라는 마음으로 사표를 내고 나와서 보면 내가 있었는지 모를 정도로 조직은 변함없이 굴러가는 모습에 배신감을 느껴보신 분들도 많을 것입니다. 그래서 우리는 항상 자신이 중심을 잘 잡고 사는 것이 중요합니다.

우리는 각자의 지문이 저마다 다른 것처럼 마음의 지문을 갖고 태어납니다. 각자 마음의 지문이 다르기에 우리는 서로 다른 삶을 살 수밖에 없습니다. 그래서 우리가 인생을 살면서 해야 할 일은 누구의 바람대로 사는 삶이 아니라, 자신이 원하는 삶을 살아야 하는 것입니다. 그래서 내가 지금 하는 일이 내가 진정으로 원하고 있는 것인지, 아니면 부모, 형제, 주변 사람들의 바람에 따라 그들을 만족시키기 위한 것인지 살펴볼 필요가 있습니다.

우리 삶은 순간순간의 선택이 모여 이루어진 총합입니다. 정신적인 안정과 평화 그리고 시간적인 여유를 늘리기 위해 일을 줄이고, 명예를 차지하기 위한 경쟁을 줄이고, 물질적인 소비를 줄이는 것은 우리 각자의 선택을 통해 이루어질 수 있습니다. 다만 그것을 선택할 수 있는 용기와 가치관이 필요합니다. 그러나 자신이 가진 개성을 발휘하고 자신을 위한 삶을 사는 것은 한 번 사는 우리 삶을 위한 가장 가치 있는 선택이 아닐까요?

당신의 마음을 진단해 드립니다

마음상담소

우리는 각자의 지문이 저마다 다른 것처럼
마음의 지문을 갖고 태어납니다.
각자 마음의 지문이 다르기에
우리는 서로 다른 삶을 살 수밖에 없습니다.
그래서 우리가 인생을 살면서 해야 할 일은
누구의 바람대로 사는 삶이 아니라,
자신이 원하는 삶을 살아야 하는 것입니다.

내 마음대로 되지 않는 내 마음을 통제하는 법

우리는 하루 종일 생각을 하고 삽니다. 우리 머릿속에 하루 종일 떠오른 생각은 5만 개가 넘는다고 합니다. 그처럼 우리는 하루 종일 생각의 홍수 속에서 살고 있다고 해도 과언이 아닙니다.

진료실에서 상담을 하면서 다음과 같은 말을 많이 듣습니다.

"저는 잡념이 너무 많아요. 이런저런 생각이 들어서 견딜 수가 없어요."

심지어 어떤 분은 이렇게 말합니다.

"생각을 없애는 약이라도 먹고 싶어요. 이놈의 생각은 종잡을 수가 없어서 도대체 어떻게 해야 될지 모르겠어요. 아침에는 맨날 술만 마시고 늦게 들어오는 남편과 이혼을 결심했다가도, 점심때가 되면 그래도 애들 보고 살아야겠다고 마음을 먹습니다. 그런데 잠을 자기 직전엔 한동안 별거를 하고 차후에 생각할까 하는 마음도 들어요. 그런 생각들이 하루 종일 뒤죽박죽이어서 견디기가 힘들어요. 도대체 한 가지 결정을 하면 그것이 끝까지 가면 좋은데 하루에 수십 번씩 생각이 바뀌니 속이 상해요. 이런 생각도 괴로운데 자꾸 이렇게 결정도 못하고 우유부단한 내 자신에게 화가 나요.”

또한 과거의 생각 때문에 힘들어 하는 분도 많습니다. 분명히 오래전에 지나가 버린 일들인데도 불구하고 그 생각이 떠오르면 가슴에서 열이 오르고, 심지어 땀까지 난다고 합니다. 이게 무슨 병이 아니냐고 물어보기도 합니다. 그런 생각이 왜 드는지 모르겠고 분명 자신은 잊었다고 생각하는데 과거 상처받은 일들이 떠오른다고 합니다. 남편이 바람을 피우고 돈도 가져오지 않고 집을 나가서 안 들어왔던 기억이 떠오르면 가슴이 답답해지고, 당장 옆에 자고 있는 남편의 목을 조르고 싶을 정도로 밉다는 생각이 든다고 합니다. 또 빚까지 져가면서 사업을 시작했으나, 결국 사기를 당해 모은 돈을 다 날리게 한 당사자 생각이 나면 당장 달려가서 죽이고 싶은 생각이 든다고 말합니다. 그러면서 분명 마음을 비웠는데 왜 자꾸 떠올라서 내가 이렇게 힘든지 모르겠다고 합니다.

이처럼 우리 마음은 우리 생각과 달리 종잡을 수 없이 왔다 갔다 합니다. 내가 내 마음을 조절하는 것 같지만, 실제로 우리의 마음은 제멋대로 뛰놉니다. 그리고 통제되지 않는 자신의 마음에 우리는 상처를 받습니다.

첫째는 내가 내 마음을 조절할 수 없다는 생각 때문에 그렇고, 둘째는 떠오르는 생각 치고 좋은 생각이 없기 때문입니다.

큰 병을 앓아봤던 분이라면 경험해 보셨을 것입니다. 몸이 아파서 꼼짝 못하고 누워 있는 생활을 열흘만 해도 사는 게 사는 것이 아닙니다. 만사가 다 귀찮고 아무것도 하기 싫고 희망도 없어 보입니다. 그러다가 증세가 호전되어 걸어다닐 만하면 그때는 이제 다 나아서 금방 뛰어 다닐 것 같고 희망이 생깁니다. 그러다가 다시 병이 악화되면 금방 실의에 빠져 차라리 죽고 싶은 심정입니다. 그래서 확 자살을 해 버릴까 하는 생각이 들기도 합니다. 그러다가 다음날 아침 컨디션이 좋아지면 어제 자살하고 싶었던 생각은 어디로 가고 세상은 희망의 빛으로 가득 차게 됩니다. 우리의 마음이란 것이 이렇게도 변덕을 부리면서 우리를 좌지우지합니다. 하지만 그것을 인식하는 사람은 많지 않습니다.

우리의 뇌 구조 자체가 많은 생각을 만들어내고 그것을 그럴듯하게 포장해서 우리가 그 생각에 따르도록 합니다. 그 생각은 논리나 이성의 옷을 입고 아주 정교하고 교묘하게 위장을 한 채 떠오르기 때문에 사람들은 생각에 속게 됩니다.

그래서 저는 상담을 하러 오시는 분들께 항상 강조하는 것이 있습니다. "내 생각은 내 생각이 아닙니다."

자신이 생각을 하고 있기 때문에 사람들은 그 생각이 자기 것이

당신의 마음을 진단해 드립니다

라고 착각합니다. 그런데 내 것이라 함은 내가 조절능력이 있어야 내 것이지 내가 조절하지 못하면 내 것이라 말할 수 없습니다.

독자 여러분 대부분 영화를 좋아하실 것입니다. 극장에 가서 영화를 볼 때 영사기의 빛이 스크린에 비출 때 우리는 영상을 감상할 수 있습니다. 액션영화를 영사기에서 돌리면 멋진 활극이 펼쳐지고, 우리는 손에 땀을 쥐게 됩니다. 멜로영화를 볼 때면 우리는 지고지순한 사랑에 빠져들기도 하고, 스릴러 영화를 볼 때는 무서운 장면에서 크게 놀라곤 합니다. 영화는 사실이나 현실이 아님에도 우리가 그것에 빠지면 마치 현실처럼 느껴지고 거기에 반응하게 됩니다. 우리가 생각에 속는 것은 바로 영화를 볼 때 그 영화가 진짜라고 여기는 것과 같습니다.

영사기의 빛이 꺼지고 나면 눈앞에 펼쳐졌던 영상은 모두 사라지고 하얀 스크린이 드러날 뿐입니다. 그 스크린은 수많은 영상이 투사되었지만 아무런 흠집이나 흔적이 남지 않습니다. 현란했던 영상이 그 빛을 반사하고 나서는 원래의 스크린의 하얀색만 남듯이, 우리의 생각도 이런저런 생각이 떠올랐다가 사라질 뿐입니다. 마치 우리가 영화를 현실인 것처럼 여기며 영화의 내용에 빠져들어서 울고 웃고 놀라고 마음 아파하는 것과 같습니다.

그래서 자신의 생각에 속지 말고 생각과 거리를 두어야 합니다. 생각이 올라왔을 때 '이 내가 지금 비관적인 생각을 보고 있구나'라고 스스로 자각할 필요가 있습니다. 여기서 중요한 점은 생각을 본다고 여겨야 합니다. '지금 내가 우울한 생각을 보고 있구나, 내일이면 이 생각은 먼지처럼 또 흩어지겠구나' '내가 지금 비관적인 생각을 보고 있구나, 이 생각은 지난번에도 나타났다가 사라지더니 다시 나타났구나, 그래 마음껏 떠올라 봐라, 그래 봤자 하루 또는 며칠이면 또 없어지겠지'라고 인식해야 합니다.

이렇게 생각을 본다고 여기고 내 생각을 남의 일을 보듯 하면 생각에 휘둘리지 않으며 이리저리 끌려다니지 않을 수 있습니다.

이러한 연습을 하면 할수록 자신의 생각을 점점 더 객관적으로 보게 되고, 자신의 것임에도 마음대로 되지 않는 마음을 어느 정도 통제할 수 있습니다.

당신의 마음을 진단해 드립니다

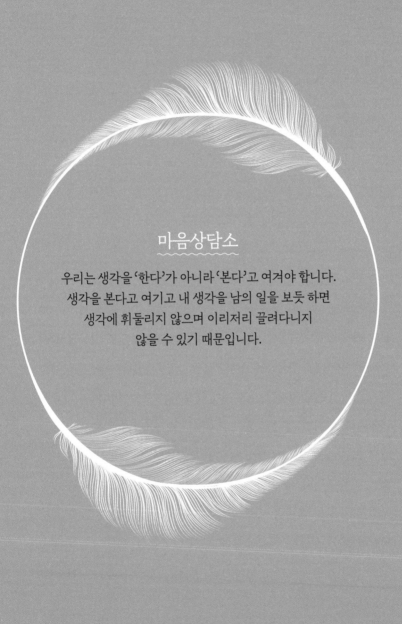

마음상담소

우리는 생각을 '한다'가 아니라 '본다'고 여겨야 합니다.
생각을 본다고 여기고 내 생각을 남의 일을 보듯 하면
생각에 휘둘리지 않으며 이리저리 끌려다니지
않을 수 있기 때문입니다.

앞서 걱정하고 두려워하지 말기

우리 사회에 커다란 충격을 준 사건이 있었습니다. 50대 가장이 자신의 아내와 두 딸을 살해한 사건입니다. 그는 자신도 자살을 하려 했지만 실패하고 결국 존속살해 혐의로 체포되었습니다. 그는 명문대 경영학과를 졸업하고, IT업체에 근무하는 소위 잘나가던 사람이었습니다. 하지만 실직을 하고 그 뒤로 취업을 하지 못했습니다. 그래서 그는 아내에게는 실직 사실을 말했지만, 딸들에게는 차마 말하지 못하고 사실을 숨긴 채 3년간 고시원으로 출근을 했습니다. 그는 5억 원을 대출받아 주식투자를 했지만 실패했고, 그 돈으로 생활비를 쓰고 남은 돈은 1억 3000만 원이었습니다. 그는 아내에게 자신의 일이 잘된다고 말했지만, 실제로 그가 가진 돈은 점점 줄어들고 있었습니다. 그래서 결국 그는 이렇게 사니 온 가족이 같이 죽자는 생각으로 아내와 14살, 8살 두 딸을 살해하고 동반자살을 꾀했던 것입니다.

그런데 그가 가진 아파트의 가격은 12억 원이었고, 아내도 현금으로 3억 원을 갖고 있었습니다. 그는 빚을 갚고도 11억 원이 넘는 돈이 있음에도 더 이상 인생에 희망이 없다고 생각해서 동반자살을 선택했습니다.

많은 사람이 '아파트 팔아서 빚 갚고, 나머지 돈으로 충분히 새출발을 할 수 있는데 대체 왜 그런 거야? 빚을 수십억 원 지고도 파산신청을 하고 다시 살아보려고 하는 사람도 있는데 그 많은 재산이 있는데 그런 극단적인 선택을 하다니 이해가 안 가!'라고 생각했습니다.

그런데 그는 이렇게 토로했다고 합니다. "요즘 사람들이 오래 살기 때문에 노년까지 살아가는 게 두려웠습니다."

그가 딸까지 살해한 이유는 아마도 제대로 된 사교육을 받지 못하면 자식들도 제대로 사회생활을 못 할 것이라고 생각했을 것입니다. 또 자신의 집을 처분하고 변두리의 작은 아파트로 옮겨가서 새로운 삶을 시작하면 자신의 체면이 손상된다고 여겼을지도 모릅니다. 또한 한국의 50대 실식사가 준비 없이 다시 재취업할 수 있는 길은 단순 노무직이 대부분입니다. 그런 일을 할 용기가 나지 않고 그것도 자존심이 너무 상하는 일이었을 것입니다.

이처럼 우리의 생각은 주관적이고 극단적이며 아무런 객관적인 근거 없이 우리의 행동을 좌지우지할 수 있습니다.

인류의 진화 과정에서 뇌의 전전두엽피질은 우리의 지능과 이성의 영역을 확장하고 높여주었지만 한 가지 부작용을 낳았습니다. 생각이 너무 많아지고 여러 가지 경우의 수를 생각하는 능력이 생기다 보니 그만큼의 걱정도 더 늘어나게 되었다는 것입니다. 뇌의 전전두엽이 발달하지 않은 동물들은 내일을, 미래를 걱정하지 않고 삽니다. 하루하루 먹을 것만 찾아다닐 뿐 미래가 어떻게 될지, 자신이 어떤 병으로 죽을지, 일자리를 못 구해 고생을 할지 등등의 걱정을 하지 않습니다. 그저 푸른 초원을 뛰어다니고, 하늘을 날아다니며 하루하루 살아갈 뿐입니다. 인류문명을 이룬 우리의 전전두엽피질은 이처럼 우리에게 걱정, 근심, 불안, 초조라는 대가를 안겨주었습니다.

이것은 그리스 신화에 나오는 판도라의 상자 이야기가 상징적으로 말해주고 있습니다. 판도라의 상자를 여는 순간 걱정, 근심, 역병 등이 튀어나왔습니다. 판도라의 상자가 왜 열렸을까요? 인간의 호기심 때문입니다. 인간의 호기심은 점점 더 뇌의 전전두엽 피질을 발달시켜서 인간의 지능을 더 향상시켰습니다. 그 순간 판도라의 상자는 열린 것입니다. 전전두엽의 발달로 인해 발생한 인간의 지나친 사고와 염려, 걱정까지 같이 튀어나온 것입니다.

그나마 다행인 것은 판도라의 상자에서 마지막에 튀어나온 것

당신의 마음을 진단해 드립니다

이 희망입니다. 그 희망이 그나마 인간의 호기심이 야기한 이런저런 고통과 고난을 이겨낼 수 있는 힘이 된 것입니다. 여기서 희망이란 막연히 좋아질 것이란 일반적인 의미의 희망이 아닙니다. 우리가 만들어낸 걱정, 근심, 불안, 초조가 바로 뇌의 전전두엽으로 인해 만들어진 것이란 사실을 아는 것을 말합니다. 또한 그 희망은 그런 것에 휘둘리지 말고 바로 지금 현재를 살라는 의미입니다.

예전에 전 세계를 여행하는 유럽의 한 청년이 있었습니다. 그 청년의 어머니가 자신에게 이런 말을 했다고 합니다. "죽는 순간은 몇 분에 지나지 않는다, 그러니 네가 하고 싶은 것을 마음껏 하고 살아라." 그는 그 말에 용기를 얻어 미래를 걱정하지 않은 채 전 세계를 여행할 수 있었다고 합니다.

우리는 걱정, 두려움, 절망에 빠지는 순간 그것이 내 스스로 만들어내고 있는 것은 아닌지 끊임없이 스스로에게 자문해 볼 필요가 있습니다.

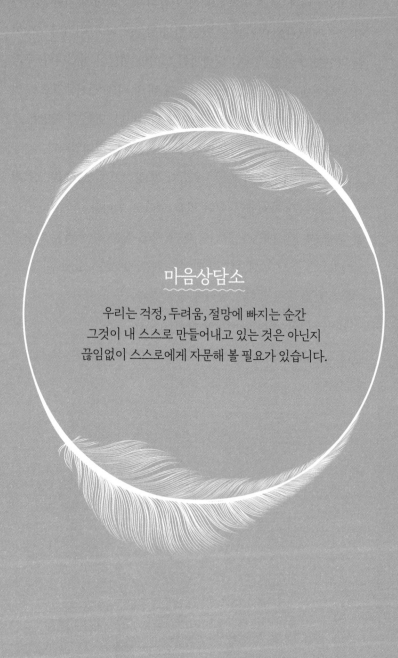

마음상담소

우리는 걱정, 두려움, 절망에 빠지는 순간
그것이 내 스스로 만들어내고 있는 것은 아닌지
끊임없이 스스로에게 자문해 볼 필요가 있습니다.

질병이 찾아왔을 때 필요한 마음가짐

사람들의 주요 관심사 중 하나가 바로 '아프지 않고 건강하게 사는 것'입니다. 몸이 아프거나 병에 걸리는 것은 참으로 심신을 불편하게 합니다.

현대인들은 자신의 몸을 돌보고, 질병에 걸리지 않기 위해 과거 어느 시대보다 많은 시간과 비용을 쓰고 있습니다. 이런 점을 이용해서 매스컴은 의학정보를 하루도 거르지 않고 쏟아내고, 이것의 역효과로 현대인들은 건강염려증을 갖게 되었습니다. 매스컴은 뉴스거리가 될 만한 소재를 찾다보니 '30대 중풍이 늘고 있다, 50대에도 치매가 온다' 등등의 충격적인 뉴스를 내놓습니다.

우리는 어떤 증세가 있으면 어떤 병을 의심하라, 어떤 습관을 고치지 않으면 어떤 병에 걸린다 등의 이야기를 매일 어디선가 보고 듣고 있습니다. 이런 지식은 잠재의식 속에 숨어 있다가 친구나 친척, 직장동료가 어떤 질병에 걸렸다거나 질병으로 죽었다는 얘기를 들으면 건강염려증이 고개를 듭니다.

'나도 저런 병에 걸리면 어떻게 하지? 저런 병에 걸리지 않도록 사전에 최대한 예방해야지!' 등등의 온갖 상념이 머릿속을 왔다 갔다 합니다.

건강염려증의 다음 단계로 넘어가면 이제 조금씩 몸이 아픈 것처럼 느껴집니다. 골치도 아프고 소화도 안 되는 것 같으며 현기증도 나고 약간 어지럽기도 합니다. 푹 쉰 거 같은데 피로는 사라지지 않습니다. 이런 증세를 질병의 전조 증세라고 생각하는 게 지나치면 질병에 걸렸다는 확신을 갖게 됩니다.

다음 단계에서는 병원 쇼핑을 하기 시작합니다. 검진 결과가 이상이 없는데도 오진이 아닌지 의심되어 다른 병원에 가서 다시 검진을 받습니다.

그런데 방송매체에서 간과하고 있는 점이 하나 있습니다. 그들은 의학 정보를 무차별적으로 공급하지만, 정작 질병에 걸렸을 때 우리가 어떤 마음가짐으로 대처해야 하는지는 잘 다루지 않습니다.

영화 〈잠수종과 나비〉는 심각한 질병에 걸렸을 때 우리가 겪어야 하는 질병의 고통과 상실감에 대해 어떻게 대처해야 하는지를 잘 보여주고 있습니다.

당신의 마음을 진단해 드립니다

잘나가는 패션잡지의 편집장인 보비에게 갑자기 희귀한 질병이 찾아옵니다. 감금증후군(locked in syndrome)으로 한쪽 눈만 움직일 수 있고 나머지 몸은 마비가 됩니다. 그는 정신은 정상이지만 신체에서 눈만 움직일 수 있습니다. 마치 잠수종(잠수부를 수면에서 수심이 깊은 곳으로 이동시키는 데 사용하는 소형 잠수기구로 종처럼 생겼다고 해서 이렇게 이름 붙여짐)에 갇힌 채 물속 깊이 들어가서 빠져나오지 못하는 상태라고 볼 수 있습니다.

사실 인간에게 이렇게 끔찍한 형벌도 없습니다. 육체라는 감옥에 갇힌 채 정신만 멀쩡하게 살아 있기 때문입니다. 그렇다고 이 상태가 나아질 희망은 전혀 없으니 이 질병을 앓는 사람은 절망스럽기만 할 뿐입니다.

그래서 보비는 차라리 죽기를 바랍니다. 하지만 시간이 지나면서 그는 점차 자신의 질병을 받아들이기 시작하고 글을 쓰리라 마음을 먹습니다. 그는 결국 언어치료사가 알파벳을 불러줄 때마다 자신이 원하는 알파벳이 나오면 눈을 한 번 깜박해서 단어를 만들고 문장을 완성합니다. 그렇게 15개월 동안 20만 번의 눈을 깜박거려 130페이지에 달하는 책을 완성하게 됩니다. 그리고 그 책이 출간된 지 10일 만에 그는 죽음을 맞이합니다.

인간은 생로병사의 고통을 숙명적으로 안고 태어난 존재입니다. 여기서 벗어날 수 있는 사람은 그 누구도 없습니다. 아무리 운동을 열심히 하고 각종 영양제를 챙겨 먹고 건강에 조심한다고 해도 언젠가는 그리고 어떠한 질병에 걸리게 됩니다. 그런데 사람들은 자신이 병에 걸리면 매우 놀라고 '왜 내게 이런 일이!'라고 한탄하며 신을 원망합니다. 그러나 주변을 한번 둘러보세요. 고혈압, 당뇨는 아주 흔한 질환이고, 다들 어딘가 한 부분은 아프거나 병을 겪고 있을 것입니다.

상담실을 찾는 분 중에 질병이 자주 재발되어 의기소침해서, 건강을 자신했다가 갑작스럽게 큰 병에 걸렸다는 진단을 받고 우울증에 걸려서, 불안장애를 앓고 있던 중 느닷없이 암 선고를 받고 절망에 빠져서 등등의 이유로 찾아오는 분들이 많습니다.

그분들은 이렇게 토로합니다. '그동안 남에게 해를 끼친 적도 없이 착하게 살았는데, 내가 왜 이런 힘든 고통을 당해야 하는지 모르겠어요.' '내가 그동안 얼마나 열심히 살았는데, 어떻게 나에게 이런 질병이 생길 수 있을까요?' '나는 정말 재수가 없는 사람인가봐요. 안 좋은 일만 일어나니 말이죠.' '그렇게 열심히 치료했고, 이제 다 나았다고 생각했는데 증세가 재발되어 우울해서 견딜 수가 없어요.'

이런 이유로 찾아오시는 분들은 공통점이 있는데 우선 자신의 질병에 대해 한탄부터 시작하는 것입니다. 사실 이는 인간이라면 극히 자연스런 반응이라 볼 수 있습니다. 고통 받는 것을 좋아하는 사람은 아무도 없으니까요. 더욱이 어떤 사람이 심각한 질환이 생겼다고 하면 주위에서는 연민과 동정의 시선으로 바라봅니다. 그런데 질병

당신의 마음을 진단해 드립니다

을 앓고 있는 사람들에게는 이런 시선이 오히려 견디기 힘든 부분입니다.

그러나 질병을 앓고 있는데도 마음의 평정을 찾고 심지어 행복한 투병생활을 하는 사람도 찾아볼 수 있습니다. 그런 환자들의 공통점은 질병을 인정하는 것입니다. 질병을 빨리 인정하는 사람은 치료도 열심히 받고, 의사들의 처방이나 지시에 잘 따릅니다. 그러나 자신이 질병에 걸렸다는 사실을 인정하고 싶지 않은 환자들은 대개 처음에는 치료를 받지 않고 혹시 오진이 아닌지 의심해 여러 병원에서 검사를 받느라 시간을 허비합니다.

사실 질병은 자신의 잘못도 아니고, 실패라는 낙인도 아닙니다. 인간은 태어나고 성장하고 소멸하는 운명을 갖고 있을 뿐입니다. 이런 소멸 과정에서 질병은 언제나 일어나게 예정되어 있습니다. 인간은 모두 죽는다는 사실을 모르는 사람이 없지만 자신이 죽음에 임박하면 두렵고 부정하고 싶듯이, 질병도 마찬가지입니다. 물론 어떤 질병에 걸렸다고 해서 넋을 놓고 그냥 바라보라는 말이 아닙니다. 마음가짐에 있어서 질병을 인생의 한 부분으로 인정하면, 도리어 신세한탄이나 신에 대한 원망이 줄고 자연스럽게 스트레스도 줄어듭니다. 그리고 빨리 마음을 추스를 수 있어 더 편안해집니다. 그런 마음가짐을 가진다면 실병의 회복에도 도움이 됩니다.

질병은 우리 삶에서 결코 좋은 동반자는 아니지만 어쩔 수 없이 함께 동행해야 하는 동반자임은 틀림없습니다. 질병에 걸리지 않는 사람은 아무도 없으니까요. 또한 질병은 우리에게 교훈을 주기도 합니다. 지나치게 앞만 보고 달리던 사람도 병이 생기면 그제야 자신이 그토록 갖고자 했던 것이 그렇게 소중한 것이 아님을 깨닫게 됩니다. 병에 걸리면 돈도 명예도 지위도 아무 소용이 없기 때문입니다. 추억들이 소중해지고, 돈 버느라 챙기지 못했던 가족에 대한 사랑이 다시 생겨나고, 소홀히 했던 주변 사람들과의 함께하는 시간이 중요해집니다.

코로나라는 질병을 통해 우리는 당연시 여겼던 지인들과 함께하는 시간의 소중함을 알게 되었고, 일상의 소중함을 깊이 깨닫게 되었습니다.

병중에 있던 보비도 자신의 질병을 인정하자 책을 쓰기로 마음먹습니다. 그는 그동안 자신의 화려한 삶이 허망했단 것을 깨닫고 사소한 것도 행복할 수 있음을 알게 됩니다.

이것이 바로 질병의 치유 기능입니다. 질병은 인생에서 마음의 행복이 가장 소중하다는 것을 깨닫게 해줍니다. 보비는 몸은 감금되었지만 마음은 예전보다 더 자유로웠을 것입니다. 마음은 어느 곳에도 갈 수 있고 무엇이든 그리고 어떤 상상도 할 수 있기 때문입니다. 그는 자신의 영혼이 나비처럼 자유롭게 어디든 날아다니고 있다고 자신의 책에 썼습니다. 사실 그가 병으로 누워 있던 2년이 지옥 같았을지 모르지만, 그가 찾고자 했던 내면의 행복과 자유로움은 인생의 어느 때보다 크게 만개했을 것임은 분명합니다.

당신의 마음을 진단해 드립니다

사실 아프다는 것은 유전적인 질병을 제외하고는 그동안 쌓였던 어떤 습관이나 행태의 결과입니다. 그래서 병에 걸렸을 때 치료만 할 것이 아니라 왜 내게 이런 병이 생겼는지 곰곰이 생각해 볼 필요가 있습니다. 그 과정을 통해 병을 회복하고 나서 예전보다 더 건강해진 사람도 많고, 이전보다 더 행복감을 느끼며 사는 사람도 많습니다.

결국 누구나 겪게 되는 질병이라는 삶의 불행이 찾아왔을 때 그것을 어떻게 바라보느냐에 따라 우리는 자신을 돌아보고 이전에 알지 못했던 소중한 가치를 발견하게 되는 계기를 만나게 되기도 합니다.

마음상담소

인간은 태어나고 성장하고 소멸하는 운명을 갖고 있습니다.
이런 소멸 과정에서 질병은 언제나 일어나게 예정되어 있습니다.
그래서 질병은 우리 삶에서 결코 좋은 동반자는 아니지만
어쩔 수 없이 함께 동행해야 하는 동반자입니다.
또 한편으로 인생에서 마음의 행복이 가장 소중하다는 것을
깨닫게 해주는 치유의 기능이 있습니다.

남의 비난으로부터 마음을 보호하는 법

한때 칭찬은 고래도 춤추게 한다는 말이 유행했습니다. 실제로 한 마디의 칭찬 때문에 운명이 바뀐 이들도 많이 있습니다. 자신이 재능이 없다고 생각했으나 그림을 참 잘 그린다는 한 마디에 유명한 화가가 된 사람도 있고, 어린 시절 아버지의 끊임없는 칭찬에 정치가로 성공한 사람도 있습니다.

칭찬을 들어서 기분 나쁜 사람은 없습니다. 실제로 한 연구에 의하면 같은 수준의 아이들을 두 집단으로 나눠서 한 집단은 칭찬을 많이 하고 또 다른 집단은 그렇지 않았을 때, 칭찬을 많이 받은 집난의 성적이 좋았다는 결과도 있습니다.

하지만 우리가 칭찬에 중독되게 되면, 자기 자신을 잃어버리는 수도 있습니다. 항상 칭찬을 듣고 자란 사람은 항상 다른 사람의 칭찬을 바라게 됩니다. 그래서 남들에게 맞춰서 살아가려는 성향이 생깁니다. 이것이 바로 칭찬의 독입니다.

또한 남들이 자신에게 칭찬을 하지 않거나, 심지어 비난을 하면 자존심을 매우 상해하고, 자신감을 잃어버립니다. 그래서 더욱더 남들의 입맛에 맞추려고 하기도 합니다.

상담자분들 중에 시부모의 칭찬을 받기 위해 불평불만 한마디 없이 시키는 대로, 또 자신이 알아서 시부모에게 지극정성을 드리는 여성분들이 있습니다. 그들은 자신의 생활이 없고 시부모의 일거수일투족에 촉각을 곤두세우며 지냅니다. 그러다 보니 자신이 원하는 것을 하지 못하고 항상 주변을 살피기만 합니다. 그러니 마음속은 항상 공허하고 자신이 마치 껍데기만 남은 것 같은 느낌으로 살아갑니다.

한번은 한 젊은 남성이 풀이 죽어서 찾아왔습니다. 그는 회사 상사에게 심한 지적을 받고 우울해서 찾아온 것입니다. 그가 풀이 죽은 이유는 비난에 익숙지 않았기 때문입니다. 그는 항상 누구에게나 칭찬을 받으며 살아왔고, 또 칭찬을 받으려고 각고의 노력을 하며 살아왔습니다. 그래서 그는 상사가 비난을 하자 거의 자포자기 상태가 되어 버렸습니다. 자신이 능력이 없는 사람인 것 같고, 또 비난을 받지 않을까 하는 두려움이 생기고, 자신이 업무 능력도 없는 무능한 사람이라는 생각이 든다고 했습니다.

당신의 마음을 진단해 드립니다

그의 내면의 헐뜯는 자아가 상사의 비난 한마디로 자신을 무능력자로 바꿔놓은 것입니다. 그는 심지어 직장을 그만둘 생각을 하고 있었습니다.

그래서 저는 이렇게 말해주었습니다.

"어느 누구도 비난받고 싶은 사람은 없으며, 또 비난받고 기분 좋은 사람은 없습니다. 하지만 비난을 받지 않고 인생을 살 수 있는 사람은 없습니다. 상사로부터 받은 비난이 꼭 나쁜 것만은 아닙니다. 잘못된 비난이나 평가도 있지만, 본인이 고쳐야 할 점을 지적해주었기 때문에 자신에게 발전적일 수 있다는 점도 생각해 보세요."

그리고 저는 저의 경험을 한 가지 들려주었습니다.

"제가 정신과 레지던트로 일을 할 때 아주 꼼꼼한 교수님이 계셨습니다. 그분의 방에 들어가 보면 책도 키 순서대로 놓여 있고, 모든 것이 질서정연하게 정돈되어 있었습니다. 그런데 그 교수님께 간혹 지적이나 비난을 받을 때가 있었습니다. 그럴 때마다 저도 능력에 회의가 들고, 때로는 굳이 이런 거까지 지적할 필요가 있나 하고 짜증도 났습니다.

하지만 오랫동안 그렇게 단련되다 보니 제가 배운 것이 많았습니다. 의사들은 환자가 어떤 일이 생길지 모르기 때문에 지나칠 정도로 꼼꼼해야 합니다. 그래야 사고가 나지 않기 때문입니다. 저는 그때의 단련을 통해 환자를 대할 때 꼼꼼하게 검사소견을 챙기고, 환자 상태가 어떻게 변화되는지 강박적일 정도로 체크하는 버릇이 생겼습니다. 이것이 바로 의사의 덕목입니다. 그 교수님께 이 점을 배운 것입니다."

그는 제 얘기를 다 듣고 고개를 끄덕이며 미소를 지었습니다.

그는 칭찬에만 익숙하고 비난에 익숙하지 않았던 것입니다. 그래서 작은 비난에도 하늘이 무너질 것 같고, 자기 근본이 흔들리는 충격을 받은 것입니다. 그런데 비난이 자기 발전을 위해 긍정적인 면도 있고, 또 어느 누구도 비난을 전혀 받지 않고 살 수는 없다는 이야기를 듣고 위로를 받은 것입니다.

우리는 살아가면서 칭찬보다 비난을 더 많이 받을 것입니다. 특히 직장이나 사회는 경쟁의 정글입니다. 나를 칭찬해주고 격려해주는 사람보다 비난하고 깎아내리는 사람이 더 많을 것입니다. 그런데 이런저런 비난에 흥분하고, 기분이 가라앉고, 내 자신을 자책하고, 비난한 사람에 대해 원한을 품고, 그를 증오한다면 우리는 매일 지옥 속에서 살아야 합니다.

그러니 남들의 비난에 의기소침해질 필요도 없으며, 휘둘릴 필요도 없습니다. 그렇게 되면 우리의 마음은 남들의 시선이나 판단에서 자유로워지게 됩니다. 우리보다 더 뛰어난 정신적 지도자, 명망 있는 학자, 도덕적으로 완벽한 사람들도 비난을 받습니다.

그래서 칭찬에 취하지도 말고 비난에 쓰러져서도 안 됩니다.

당신의 마음을 진단해 드립니다

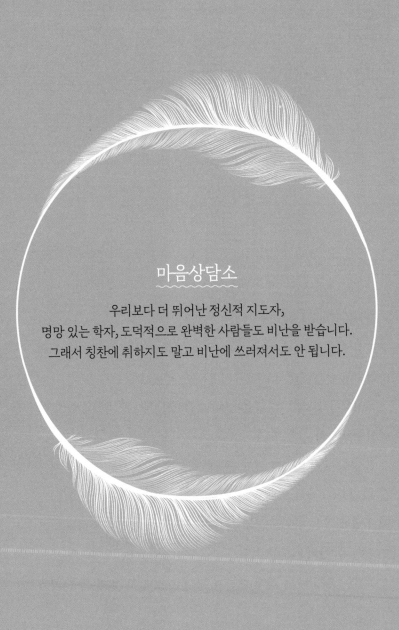

마음상담소

우리보다 더 뛰어난 정신적 지도자,
명망 있는 학자, 도덕적으로 완벽한 사람들도 비난을 받습니다.
그래서 칭찬에 취하지도 말고 비난에 쓰러져서도 안 됩니다.

내면에 존재하는 부정적인 인격을
잠재우는 법

가끔 불면증으로 아내분과 오시던 남성분이 부인을 암으로 잃고 진료실을 찾아오셨습니다. 그는 자꾸 눈물이 나고 아이들을 볼 때마다 눈물이 쏟아져서 견딜 수가 없다고 했습니다.

이러한 슬픔과 고통, 남으로부터 받는 상처를 내 가슴에 맞은 창이라고 비유합니다.

이 창이 우리 가슴을 뚫고 들어와 마음을 아프게 하고, 심한 고통을 안겨줍니다. 그럴 때 우리는 일단 그 창을 뽑아내야 합니다. 그래야 창에 꽂힌 상처가 곪지 않고 오랜 시간이 걸리는 한이 있더라도 아물 수 있기 때문입니다.

하지만 우리는 그 창에 찔리고 나서 스스로 두 번째 창을 자기

당신의 마음을 진단해 드립니다

가슴에 찌른다는 사실을 알지 못합니다. 그렇다면 두 번째 창은 무엇일까요?

두 번째 창을 예를 들어 설명해 보겠습니다.

40대 중반의 한 남성이 있습니다. 그는 갑자기 계속 속이 좋지 않아 아무래도 문제가 있는 것 같아서 내시경을 받게 되었습니다. 그랬더니 위암으로 나왔습니다. 그는 의사에게 그 말을 듣는 순간 이제 다 살았구나 하는 생각이 듭니다. 그리고 앞으로 겪어야 할 수술과 항암치료 등을 생각하니 앞이 캄캄합니다. 그리고 죽음에 대한 두려움도 밀려듭니다. 또한 혹시라도 자신이 죽고 나면 남게 될 어린 자식과 혼자서 가정을 감당하기 어려울 것 같은 아내에 대한 걱정이 앞섭니다. 이런저런 상념과 절망감으로 오히려 죽고 싶은 심정이 듭니다.

이렇게 이 남성은 암이란 첫 번째 창을 가슴에 맞았습니다. 그 사실이 가슴을 꿰뚫고 들어와 가슴을 후벼 파고 내면 깊숙이 박혀 그 고통이란 이루 말할 수가 없습니다.

그런데 느닷없이 이런 생각이 듭니다. '그래 내 인생이 되는 일이 뭐가 있어, 결국 이렇게 인생이 끝나는구나. 어릴 때 부모 잘못 만나 가난하게 살고, 직장도 남들에게 떳떳이 얘기할 만한 곳도 다니지 못했고, 하는 일마다 되는 게 없더니 결국 내가 그렇지 뭐'라는 비관적인 생각이 드는 것입니다. 또한 병이 난 것은 뭔가 내가 나쁜 짓을 해서 생긴 벌이라는 느낌이 듭니다. 그리고 그동안 잘못했던 일들이 스쳐지나갑니다. 그래서 지나간 자기 인생이 후회스럽고 속상하기만 합니다. 그러고 나니 자기 자신이 밉고 마음에 들지 않습니다. 왜 나는 똑바로 살지 못해서 이런 벌을 받고 있을까 하는 생각까지 듭니다. 생각이 거기까지 미치자 투병할 의지조차 사라져버립니다.

이것이 바로 두 번째 창입니다. 자신의 인생이 잘 풀리지 않았다는 것, 그리고 자신의 병이 내가 잘못해서 생긴 벌이라고 생각하는 것이 바로 두 번째 창입니다.

이런 두 번째 창은 첫 번째 창이 찌른 상처를 더욱 덧나게 해서 자신을 절망으로 몰고갑니다.

사실 인생이 잘 풀리고 크게 성공하는 사람들에게도 질병은 예외 없이 찾아옵니다. 누구나 몸이 있기 때문에 병을 겪을 수밖에 없습니다. 재벌 회장이 갑자기 오랫동안 외유를 하고 돌아왔다는 소식의 배경에는 그가 외국의 유명 병원에서 암 치료를 한 경우도 많습니다. 또 잘나가던 연예인이 젊은 나이에 암으로 죽기도 하고, 유명인사가 젊은 나이에 느닷없이 뇌출혈로 사망하기도 합니다.

내 인생이 잘 풀리든 안 풀리든 그것과 상관없이 질병은 언제든 찾아오는 법인데, 위의 남성의 경우 자신의 인생이 꼬여서 자신에게 암이 찾아왔다고 한탄을 합니다. 또한 어느 누구나 살면서 잘못도 하고 실수도 하고 남에게 상처도 주고, 상처도 받는 법입니다.

그리스 신화를 보면 인간의 오만 가지의 삶의 형태를 비유하고

당신의 마음을 진단해 드립니다

있습니다. 신들은 탐욕에 눈이 어두워 남편이 있는 아내를 유혹하기도 하고, 그저 자기 마음에 안 든다는 이유로 인간을 가혹한 운명 속에 던져버립니다. 또한 질투에 눈이 멀어 자신의 라이벌인 인간 여인에게 저주를 퍼붓습니다. 구약의 인물들을 살펴봐도 마찬가지입니다. 허영에 들뜨고 자만심에 가득 차서 오만함을 부리다가 자기 인생을 망치기도 하고, 욕심을 부리다가 인생의 나락으로 빠지기도 합니다.

하지만 위에 예를 든 남성은 갑자기 암에 걸렸다는 것을 아는 순간 자신의 지나간 과거가 완벽해지기를 바라고 있는 것입니다. 그리고 완벽하지 못했던 자기 인생을 원망하고, 자책하고 죄책감을 갖고 있는 것입니다. 지금 당장 위암이란 첫 번째 창을 맞아서 정신이 없는데, 느닷없이 자기 인생 탓을 하면서 자기에게 두 번째 창을 찔러서 그는 다시 일어설 힘을 스스로 빼버립니다.

그런데 우리는 어떤 절망의 순간을 만나면 위의 남성처럼 자학을 하며 자신에게 두 번째 창을 찔러대는 경우가 많습니다. 그것은 우리 안에 존재하는 불평꾼, 험담꾼이 기다렸다는 듯이 우리에게 두 번째 창을 찔러대기 때문입니다. 더욱이 우리는 두 번째 창을 맞는 것이 습관화되어 있습니다. 다음의 경우를 보면 쉽게 이해가 될 것입니다.

한 여성이 늦게 일어나는 바람에 정신없이 출근을 하다가 그만 앞차를 들이받고 말았습니다. 다행히 큰 사고가 나지는 않았고, 앞차의 범퍼만 찌그러지고 말았습니다. 그래서 보험회사에 연락을 하고 사고는 마무리되었습니다. 그렇게 사고를 수습하고 회사에 가는 차 안에서 그녀는 자동차 사고로 놀란 가슴이 조금 진정되자 이제 두 번째 창을 꺼내들기 시작합니다.

'나는 왜 이렇게 바보 같을까? 왜 앞차를 미리 보지 못하고 브레이크를 늦게 밟은 거야'라는 생각이 듭니다. 그러고 보니 요즘 되는 일이 없습니다. 어제도 직장상사에게 낸 기획서를 제대로 쓰지 못해 야단을 맞았던 기억이 납니다. 또한 출근길에 어린이 집에 맡긴 어린 딸이 생각납니다. 아이에게도 제대로 엄마 노릇도 못해주는 것 같고, 제대로 아이를 키울 능력도 없는 것 같아 슬픕니다. 또한 그렇다고 살림을 잘하는 것도 아니고, 제대로 규모 있게 지출도 못하는 바보 같다는 생각이 듭니다. 또 늘 생활에 지쳐 남편에게 항상 짜증만 낸 기억이 떠오릅니다. 자신은 일, 엄마노릇, 아내노릇 그 어떤 것도 제대로 하는 것이 없다는 생각이 듭니다. 게다가 이렇게 교통사고나 일으키는 사고뭉치라는 자괴감에 빠집니다.

하지만 그녀는 인간의 능력의 한계를 잘 모르고 있습니다. 직장에 돌아와서 파김치가 돼서 아이를 씻기고 그나마 동화책 한 권이라도 읽어주려 했고, 남편의 눈치를 살피며 남편의 비위를 맞춰주려고 노력했던 자신의 모습은 잊어버린 것입니다. 사실 아내나 엄마가 아닌 독신도 직장에서 하루 종일 일하고 돌아와 쉬고 다음 날 출근하는 것만으로도 생활이 피곤합니다.

당신의 마음을 진단해 드립니다

우리 안에 존재하는 나를 헐뜯는 인격은 이처럼 우리에게 안 좋은 일이 생기든 좋은 일이 생기든 기회만 오면 그럴듯한 핑계를 대서 우리를 공격합니다. 이들의 공격은 자동적으로 일어납니다. 그리고 우리는 그런 험담꾼들을 우리의 인격과 동일시하기 때문에 눈치를 채지 못합니다. 그래서 자신 안에 존재하는 험담꾼 및 불평꾼과 자신을 동일시해서는 안 됩니다.

우리 마음은 우리 것이지만 내 마음대로 되지 않습니다. 내 마음은 내 것이 아니기 때문입니다. 또한 내 생각도 내 것이 아닙니다. 내가 생각하는 것은 머릿속에 떠올려지는 것들일 뿐, 그것은 내 생각이 아닙니다. 그것을 자동사고라고 부릅니다. 또는 부정적인 일반화라고도 표현합니다. 이들은 마치 컴퓨터 바이러스와 같습니다. 컴퓨터 바이러스는 컴퓨터에 들어와서 마치 컴퓨터 프로그램의 일부처럼 행세합니다. 그러다 어느 순간 컴퓨터를 마비시켜 버립니다. 컴퓨터는 바이러스를 자신의 프로그램의 일부라고 생각하고 받아들였지만, 사실 그것은 컴퓨터 프로그램의 일부가 아니라 외부에서 들어온 것들입니다. 마찬가지로 우리가 살아가면서 습득된 잘못된 지식이나 가치관이 이렇게 험담꾼이나 불평꾼의 형태로 우리 마음속에 자리 잡고 있다가 마치 우리 생각인 것처럼 위장하고 느닷없이 우리를 공격하고 우리를 쓰러뜨리는 것입니다.

따라서 두 번째 창을 피하려면, 우리 안에 존재하는 험담꾼과 불평꾼이 뭐라고 하든 그것에 맞대응하지 말아야 합니다. 험담꾼이나 불평꾼은 우리 자신이 아닙니다.

나는 단지 암에 걸렸을 뿐이고, 나는 흔히 일어나는 자동차 사고를 낸 것뿐이라고 객관적인 사실에 집중해야 합니다. 그리고 두 번째 창의 존재를 아는 것만으로도 그 창의 위력은 반 이하로 줄어듭니다. 사실 불평꾼과 험담꾼을 구분하는 것은 많은 연습이 필요합니다. 그러나 살아가면서 비관의 늪에 빠지지 않기 위해 꼭 필요한 연습이기도 합니다. 그리고 이것이 두 번째 창을 막을 수 있는 든든한 방패가 되어줍니다.

당신의 마음을 진단해 드립니다

마음상담소

자신 안에 존재하는 불평꾼과 험담꾼을
구분하는 것은 많은 연습이 필요합니다.
그러나 살아가면서 비관의 늪에 빠지지 않기 위해
꼭 필요한 연습이기도 합니다.
그리고 이것이 부정적인 일반화를 막을 수 있는
방패가 되어줍니다.

사랑에 무너지고 상처받지 않는 법

우리 삶에서 사랑만큼 소중한 것도 없지만, 또 그만큼 번뇌와 고통이 따르는 것도 없습니다.

영화나 드라마, 로맨스소설을 보면 남녀간의 사랑은 지고지순하고 삶의 가치 중 가장 중요한 것으로 표현됩니다. 사랑하는 여자를 위해 죽음을 각오하고, 대신 죽어주기도 하고, 사랑하는 남자를 위해 자신의 모든 것을 버리는 여자들이 드라마나 영화에 등장합니다.

이런 줄거리의 드라마나 영화, 소설은 셀 수 없이 많습니다. 〈레옹〉이란 영화를 보면 사랑하는 마틸다를 위해 레옹은 자신의 목숨을 바칩니다. 영화 〈쉬리〉에서도 남파 간첩이었던 여자 주인공은 사랑하는 남자를 위해 자신의 목숨을 던집니다. 이런 이야기들을

당신의 마음을 진단해 드립니다

보며 우리는 사랑이라는 존재는 삶의 가치 중 가장 숭고하고 반드시 지켜내야 하는 것이라고 마음속에 새기게 됩니다.

그렇다면 현실 속의 사랑과 결혼은 어떤가요? 사실 낭만과 거리가 멀 때가 많습니다.

제가 어떤 남성분과 상담을 한 적이 있습니다. 그분은 결혼도 하고 자녀를 두었지만, 사랑하는 여자가 나타났습니다. 그 사랑의 불길은 걷잡을 수 없이 커져서 도저히 막을 수가 없었습니다. 그의 소원은 하루라도 상대방과 살아보는 것이었습니다. 그리고 상대도 유부녀였습니다. 결국 두 사람은 각자 이혼을 하고 재혼을 했습니다. 처음 몇 달은 정말 행복한 시간이었습니다. 그는 사랑하는 사람과 한 지붕 아래 같이 산다는 것이 꿈처럼 느껴졌습니다. 하지만 시간이 지나면서 그 사랑은 고통으로 바뀌었습니다. 새로 아내가 된 사람은 술만 마시면 버리고 온 자식이 보고 싶다고 눈물을 흘렸습니다. 하지만 그것을 바라보는 남성도 사실은 똑같은 심정이었습니다.

버리고 온 자식에 대한 죄책감에 본인도 시달리고 있었습니다. 그래서 그렇게 울고 있는 배우자를 보면 더 화가 나고 짜증이 났습니다. 왜냐하면 자신의 모습을 새로운 배우자에게서 보기 때문입니다. 하루만 살아도 여한이 없겠다고 생각했지만, 살아보니 상대방에게서 단점이 보이기 시작했습니다. 감정기복도 심하고, 주사도 있고, 살림도 제대로 못하는 것입니다. 그러면서 다툼이 잦아지게 되었고, 1년 만에 새로운 배우자는 짐을 싸서 나가버렸습니다. 이제 그 남자에게 남은 것은 아무것도 없었습니다. 새로운 출발을 위해 가족들과 인연을 끊었고, 친구와 아는 사람들과도 연락을 끊은 상태였습니다. 그에게 남은 것은 단 하나 새로운 배우자뿐이었습니다. 그러나 이제 돌아가려고 해도 돌아갈 곳도 없었습니다. 이 세상에 오로지 홀로 남겨진 것입니다.

그는 분노감으로 떠나버린 그 여성을 죽이고 싶은 마음에 그녀의 직장을 배회하기도 하고 실제로 칼을 들고 다니기도 했습니다. 그러다가 상대방 여성의 고발로 인해 법적 처벌을 받게 되었습니다. 그는 자신의 모든 것을 버리고 그 여성을 선택했는데, 어떻게 떠날 수 있느냐며 분노감이 극에 달해 있었습니다. 그래서 상담을 하러 오게 된 것입니다. 그는 이제 혼자 밥을 차려 먹어야 하고, 혼자 잠을 자야 된다고 생각하니 막막하고 괴로워서 살아갈 자신이 없다고 하소연했습니다.

그래서 제가 이런 말을 해드렸습니다. "대신 이제 매일매일 다투고 싸우고 언쟁을 하고, 혹시 그 여자분이 다른 남자를 만나지 않을까 하는 걱정을 안 해도 되고, 그녀의 실망스런 모습을 보면서 고통을 겪지 않아도 되지 않습니까?"

그러자 그는 수긍하는 눈치였습니다. 실제로 그 1년간의 세월은 행복하지 않았던 것입니다. 자신이 버린 아내와 자식에 대한 죄책감으로 힘들었고, 가족과 친구들과 왕래도 끊고 만나지 못했고, 새

당신의 마음을 진단해 드립니다

로운 아내와는 걸핏하면 말다툼과 심한 싸움으로 삶이 고통이었던 것입니다. 그러나 이제 그는 그것에서 벗어나게 된 것입니다. 그래서 그는 잃은 것도 많았지만, 얻은 것도 있었습니다. 사랑이란 이름 아래 자신이 치렀던 수많은 고통과 굴레에서 해방된 것입니다. 그렇게 오랫동안 홍역을 치르고 나서 그분은 안정된 삶을 찾았습니다. 하지만 그 대가는 예전보다 훨씬 못한 직장에 다니고, 자신의 선택에 대한 후회만 남은 것입니다.

《삼국유사》에 나온 조신의 꿈 이야기도 사랑의 허무함에 대해 말하고 있습니다.

신라시대 조신이란 스님이 있었습니다. 그는 절에 자주 왔던 고을 태수 김흔의 딸에게 반해버렸습니다. 그래서 여러 번 낙산사 관음보살 앞에 가서 그 여인과 살게 해 달라고 남몰래 빌었습니다. 그의 소원이 이루어져 조신은 승적을 버리고 그녀와 함께 살게 되었습니다. 그녀와 40여 년 간 같이 살면서 자녀 다섯을 두었지만, 집이 찢어지게 가난해서 연명할 방법이 없었습니다. 조신은 식구들을 이끌고 이 마을 저 마을로 얻어먹고 다니다 보니 옷은 다 찢어지고 헐벗은 상태로 지낼 수밖에 없었습니다.

그러다가 열다섯 살 되는 큰아이가 굶어죽고 말았습니다. 조신 내외는 늙고 병마저 들어 둘 다 몸져눕게 되어 열 살 된 딸아이가 마을로 내려가 밥을 구걸하러 갔다가 개에게 물려서 큰 상처를 입고 돌아왔습니다. 조신 부부는 끌어안고 하염없이 눈물만 흘릴 수밖에 없었습니다. 그러다가 부인이 눈물을 씻더니 "이제 그대는 내가 있어서 누가 되고 나는 그대 때문에 더 근심이 됩니다. 가만히 옛날 기쁘던 일을 생각해 보니, 그것이 바로 근심의 시작이었습니다. 행하고 그치는 것은 인력으로 되는 것이 아니고, 헤어지고 만나는 것도 운수가 있는 것입니다. 원컨대 이제 헤어지기로 합시다"라고 이별을 고했습니다.

조신이 이 말을 듣고 크게 기뻐하여 각각 아이 둘씩을 나누어 데리고 떠나기로 했습니다. 그래서 서로 작별하고 길을 떠나려 하는데 이 모든 것이 조신이 꾼 꿈이었습니다. 조신은 사랑하는 여인과 40여 년을 같이 살고 자식을 다섯이나 낳은 꿈을 꾼 것입니다. 꿈에서 깨어난 조신은 인간의 욕망의 허망함, 그리고 인간의 사랑의 덧없음을 느끼고 평소 흠모하던 태수의 딸을 단념했습니다.

《삼국유사》에서도 남녀 사이에 일어나는 사랑이란 것이 아름답고 낭만으로 가득 찬 것이 아니라 도리어 고통을 주고 번뇌를 만든다는 것을 알려주고 있습니다.

우리는 사랑이 큰 행복을 가져다주기를 기대합니다. 하지만 우리가 행복이라고 생각하는 것이 우리를 불행하게 만들거나 수많은 고통과 번뇌를 불러올 수도 있습니다. 여성들의 로망 중 하나는 백마 탄 기사를 만나는 것입니다. 자신이 처한 어려움에서 자신을 구해줄 남자를 기다립니다. 또한 남자들도 자신의 외로움을 없애줄 동반자를 고대합니다.

당신의 마음을 진단해 드립니다

하지만 상대방에 대한 과도한 기대감은 오히려 큰 실망을 불러오고 불행을 야기할 수 있습니다.

한동안 큰 인기를 끌었던 드라마 〈부부의 세계〉를 보면 겉으로 완벽해 보이는 부부의 사랑과 배신, 욕망과 복수가 얽히고설켜 있습니다. 이 드라마의 원작은 〈닥터 포스터〉로, 두 드라마의 원형이라 할 수 있는 그리스 신화 이야기가 있습니다. 바로 사랑과 증오의 대서사시 '이아손과 메데이아' 이야기입니다.

이아손은 메데이아의 헌신적인 도움으로 황금양털을 차지합니다. 그러나 이아손은 자신의 욕망을 위해 코린토스의 왕 크레온의 딸 글라우케와 결혼을 하려고 합니다. 남편의 변심을 지켜보던 메데이아는 글라우케에게 결혼예복을 선물합니다. 그러나 메데이아가 선물한 옷을 글라우케가 입자마자 옷이 화염에 휩싸여 글라우케는 불에 타 죽고 맙니다. 또한 메데이아는 이아손이 보는 앞에서 그와 자신 사이에서 낳은 아이들을 모두 죽이고는 날개가 달린 뱀이 끄는 수레를 타고 아테네로 날아가 버립니다. 이아손은 정신적 충격으로 광인이 되어 이곳저곳을 떠돌다 비참한 최후를 맞이합니다.

인도에서는 사랑의 신을 '카마'라고 부릅니다. 카마도 그리스 신화의 큐피드처럼 화살을 가지고 다닙니다. 그 화살을 맞으면 사랑의 열정에 불타올라서 판단력이 없어지고, 상대방이 여신이나 남신으로 보이게 만드는 효력을 가지고 있습니다. 카마가 가지고 다니는 활의 끝에는 꽃이 달려 있습니다. 그 꽃의 향기는 감미롭고 가슴을 꿰뚫는 듯하며 거절하기 힘든 사랑이 찾아올 것임을 알려줍니다.

그런데 카마는 여러 가지 이름으로 불리우는데, 그 각각의 이름들이 바로 사랑의 속성을 드러내고 있습니다. 카마의 또 다른 이름은 파괴자, 정열의 줄기, 불, 불타는 존재, 날카로운 존재, 속이는 존재라고 불리웠습니다. 이 카마의 이름 안에 사랑이 가지고 있는 모든 속성이 담겨 있음을 알 수 있습니다.

《삼국유사》나 그리스 신화의 이야기는 아름다운 사랑 이야기와 달리 상대방의 사랑이 나를 구원해 줄 것이라는 생각이 어리석다고 좀 더 현실적인 진실을 일깨워줍니다. 결국 자기 자신이 독립적인 존재가 되고 혼자 설 수 있을 때 온전히 사랑할 수 있음을 알려주고 있습니다.

당신의 마음을 진단해 드립니다

마음상담소

현실 속의 사랑과 결혼은
낭만과 거리가 멀 때가 많습니다.
사랑은 상대에게 바라고 기대지 않고
우리가 독립적인 존재일 때
오히려 더 완전해질 수 있습니다.

현재를 잘 살아가는 법

극작가 사무엘 베케트가 쓴 희곡인 〈고도를 기다리며〉란 작품이 있습니다.

앙상한 나무 아래서 블라디미르와 에스테라공, 두 떠돌이는 실없는 대화와 부질없는 행위를 하면서 '고도'라는 인물이 나타나기를 기다립니다. 그들은 왜 고도를 기다려야 하는지 왜 그를 만나야 하는지조차 모른 채 계속 고도를 기다리기만 할 뿐입니다. 작가 자신도 고도는 누구인지 모른다고 답을 했습니다.

이 희곡을 읽는 사람들은 자신의 경험, 믿음이나 신념에 따라 고도란 사람이 각자 다르게 다가올 것입니다.

한번은 개업한 지 17년이 넘은 제 의사 친구가 앞으로는 목요일

당신의 마음을 진단해 드립니다

에는 오전에만 진료를 보고 쉬겠다고 했습니다. 사실 웬만한 직장은 주 5일 근무를 하고, 일 년 휴가가 10일에서 15일 정도는 됩니다. 그런데 의원들은 주 6일 근무를 하고, 일 년 휴가라고 해봤자 여름에 4일 정도, 길면 6일이 고작입니다.

시간이 흐른 뒤 그 의사 친구에게 언제부터 쉬었냐고 물어봤습니다. 그랬더니 의사 친구는 목요일 오후에 쉬려고 하니 할 것이 없어서 차라리 그냥 진료를 할까 생각 중이라고 대답했습니다. 진료를 하면서 힘들고 스트레스도 많이 받고, 항상 피곤에 절어 17년간을 살았어도 막상 목요일 한나절을 쉬려고 하니 그것이 오히려 시간을 보내기에 더 힘들었던 것입니다.

우리는 시간이 남으면 뭔가를 해야 한다는 강박관념에 사로잡혀 있습니다. 제 의대 동기들 중에도 젊어서부터 전혀 쉬지 못하고 끊임없이 일에 매달린 친구가 많습니다. 항상 뭔가 생산적이고 자신의 커리어에 도움을 줄 수 있는 것을 하면서 달려온 것입니다. 그래서 이런저런 영어시험을 보기도 하고, 미국 의사시험을 준비하기도 하고, 실제로 늦은 나이에 미국에 가서 인턴과 레지던트를 다시 시작한 친구들도 있습니다.

모두 시간이 남았을 때 아무것도 안하는 것에 전혀 익숙하지 않은 것입니다. 그런데 아무것도 안 하며 시간을 보내는 것도 우리가 해야 할 일 중의 하나입니다. 우리는 어린 시절부터 습관적으로 시간이 남으면 뭔가를 해야 했습니다. 시간이 남으면 그 남는 시간에 대한 스케줄을 짭니다. 의사 친구도 그 휴식 시간의 남는 시간을 어떻게 보내야 할지 모른 것입니다. 집에 가서 느긋하게 휴식을 취하거나, 편한 복장으로 집 주위를 산책하거나, 마음에 드는 커피숍에 들어가 잡지도 보고 사람구경을 하는 등 시간을 보낼 수 있는 일은 찾아보면 참 많습니다. 하지만 뭔가를 해야 한다는 강박관념이 제 친구나 많은 사람이 편히 쉬는 것을 방해합니다.

많은 사람이 항상 뭔가를 하느라고 시간을 보내고 있습니다. 학습되어진 무언가를 항상 해야 한다는 강박관념은 우리로 하여금 아무것도 하지 않는 상태를 견딜 수 없게 만들었습니다. 왜냐하면 아무것도 안 하기는 게으른 사람이나 사회 낙오자들이 하는 행동이라고 생각하기 때문입니다. 그래서 사람들은 쉬는 시간에도 뭔가를 해야 그 시간을 알차게 보냈다고 여깁니다. 그리고 뭔가 자신이 해냈다는 자부심을 느끼게 됩니다.

한번은 70이 넘은 남성분이 우울증으로 진료실을 찾아오셨습니다. 그분은 강남에 수십억 원대의 건물을 가지고 있고 한 달에 수천만 원의 임대료 수입을 올리는 큰 부자였습니다. 하지만 건물 관리를 아들에게 맡기고는 매일 오전 9시부터 오후 3시까지 주식을 했습니다. 그리고 주식특강을 다니고, 유료증권방송도 부지런히 들었습니다.

저는 경제적으로 여유가 있으시니 주식은 그만두고 좀 쉬시라고 조언을 했습니다. 그분은 쉬는 것은 너무 무료해서 쉴 수가 없다고

당신의 마음을 진단해 드립니다

대답했습니다. 그분은 평생 일해 자수성가하고 남들이 부러워 할 만한 큰돈을 모았지만, 쉬는 방법을 전혀 모르는 것입니다. 그렇게 큰돈이 있음에도 자신이 조금이라도 돈을 벌어야 가치 있는 사람이라고 생각하고 마음의 여유가 전혀 없어 결국 우울증이 생긴 것입니다.

우리 사회에 우울증, 공황장애, 번아웃 등의 증상이 만연하고 자살률이 높은 이유는 이렇게 자신의 마음에 쉴 공간을 전혀 주지 않기 때문입니다. 우리는 아무것도 안 하고 있는 순간 다른 사람의 시선에서 벗어나 진정한 나로 존재할 수 있습니다. 그리고 진정한 휴식은 아무것도 하지 않는 것입니다. 숨 가쁘게 뛰었던 일상을 내려놓고, 내가 그동안 보지 못했던 뒷산의 오솔길 옆에 핀 꽃도 보고, 계절마다 바뀌는 나뭇잎 색도 보고, 무심히 지나쳤던 풍경도 찬찬히 둘러보며 뇌와 마음에 휴식이라는 자양분을 공급해주어야 합니다.

우리는 지나치게 어깨에 힘이 들어가서 항상 경직되고, 피곤하고, 긴장을 하고 삽니다. 그래서 목디스크, 허리디스크 환자가 넘쳐납니다. 그러니 쉴 시간이 필요하고 쉬는 시간에는 몸과 마음의 긴장을 완전히 풀고 편안하게 휴식을 취해야 합니다. 내 몸의 힘을 다 풀어버리고, 내 마음의 짐을 다 내려놓고, 생각을 멈추고 멍하니 있는 것이야말로 진정한 휴식입니다.

그리고 아무것도 하지 않는 시간을 가지면 내 마음속이 보이기 시작합니다. 그리고 작은 것들이, 작은 일상이 행복이라는 것도 알게 됩니다.

치열한 경쟁에 내던져진 우리는 〈고도를 기다리며〉의 두 주인공처럼 잡히지 않는 무엇인가를 막연히 기다리며 살고 있습니다. 저도 의과대학만 졸업하면, 레지던트만 마치면, 군의관만 끝나면, 환자를 하루에 20명만 볼 수 있다면 하면서 계속 기다리고 또 기다리며 살아왔습니다. 그런데 막상 그 순간이 되면 그렇게 기쁘지 않았습니다. 그 순간만 되면 영원한 행복이 기다리고 있는 줄 알았는데, 여전히 내 앞에는 또 다른 목표가 주어졌습니다.

우리 모두 이렇게 현재를 살지 못하고 언젠가만 외치고 살아가고 있습니다. 대리는 과장이 되는 날을 기다리고, 30평 사는 사람은 50평 아파트로 옮기는 날을 기다리고, 학부모들은 자식이 대학가는 날을 기다리며 살아갑니다. 우리 모두는 사실 〈고도를 기다리며〉의 두 주인공입니다. 두 주인공이 도대체 왜 고도를 기다려야 하는지 모르면서도 기다리듯이, 우리는 고대하는 미래의 날들을 부질없이 기다리며 현재를 죽이며 살아가고 있습니다. 그렇다면 우리는 언제 행복해질 수 있을까요? 항상 다음 것을 기다리고, 다음 날을 기다리고 있으니 말입니다.

인생은 우리를 위해 완벽하게 준비해주지 않습니다. 결국 당장의 손해를 감수하고 결단을 내려야 자신이 원하는 바를 이룰 수 있는 것이 우리 인생입니다. 그렇지 않고 완벽한 때를 기다리는 사람은

당신의 마음을 진단해 드립니다

영원히 자신의 때가 오지 않을 수도 있습니다.

당신의 '고도'는 무엇인가요? 정말 기다리는 고도는 오기는 오는 걸까요? 만약 고도를 기다리고 계신다면 곰곰이 생각해 보시면 어떨까요?

마음상담소

우리 사회에 우울증, 공황장애, 번아웃 등의
증상이 만연하고 자살률이 높은 이유는
자신의 마음에 쉴 공간을 전혀 주지 않기 때문입니다.
그러나 아무것도 안 하고 있는 순간 우리는
다른 사람의 시선에서 벗어나
진정한 나로 존재할 수 있습니다.

당신의 마음을 진단해 드립니다

감정을 조절하는 마인드 솔루션

초판 1쇄 발행 2022년 5월 27일
초판 5쇄 발행 2024년 4월 30일

지은이 김상준
펴낸곳 보아스
펴낸이 이지연
등 록 2014년 11월 24일(No. 제2014-000064호)
주 소 서울시 양천구 목동중앙북로8라길 26, 301호(목동) (우편번호 07950)
전 화 02)2647-3262
팩 스 02)6398-3262
이메일 boasbook@naver.com
블로그 http://blog.naver.com/shumaker21
유튜브 보아스북 TV

ISBN 979-11-89347-14-7 (03180)

심리학으로 읽는 그리스 신화
그리스 신화로 보는 우리 내면의 은밀한 심리

김상준 지음 | 신국판 | 304쪽| 14,000원

영화와 신화로 읽는 심리학
우리 삶을 읽는 궁극의 메타포

김상준 지음 | 신국판 | 280쪽| 14,000원